메코시코주쿠 유학생 대학수험 총서

일본유학시험 （EJU）
실전문제집 전10회수록

종합과목 Vol.2

JAPAN AND THE WORLD

글로벌 인재 육성, 1984년 설립 ──
(주)해외교육사업단

編著	陶 揚（早稲田大学）
	木 村 仁（東京大学）
	砺 波 元（東京大学）

監修	陳 苡（東京大学）

校閲	高 橋 優 介（早稲田大学）
	相 澤 花 菜（早稲田大学）

Published by MEKO EDUCATION GROUP Co.,Ltd
Dai-san Yamahiro Bldg. 2F, 4-1-1, Kita-Shinjuku, Shinjuku, Tokyo 169-0074, Japan
ISBN978-4-909907-12-7
First published 2022

머 리 말

    일본유학시험(EJU)은 외국인 유학생이 일본의 대학에 입학함에 있어 일본어 및 기초학력 평가를 목적으로 2002년부터 실시하고 있는 시험입니다. 2022년 현재, 6월과 11월에 연 2회 실시하고 있으며 일본에서만이 아니고 아시아를 중심으로 많은 나라에서 수험할 수 있습니다.

    일본유학시험의 시험 과목은 일본어, 이과(물리·화학·생물), 종합과목과 수학으로 크게 4과목으로 나뉘어져 있으며 이과는 물리·화학·생물의 3과목에서 2과목을 선택하고, 수학은 코스1과 코스2 중 하나의 코스를 선택합니다. 각 과목의 시간 배분은 일본어가 125분, 일본어 이외의 과목은 80분입니다. 배점은 일본어가 450점 만점, 다른 과목은 각 200점 만점입니다. 각 과목에는 전문 용어도 다수 쓰이고 있기 때문에 어휘력, 또한 문제에 따라서는 독해력도 필요합니다.

    메코시코주쿠에서는 일본유학시험의 경향, 분석 등의 연구를 평소 철저히 실시하고 있습니다. 본교에서 작성한 실전 문제를 수업에 도입한 결과, 실제 시험에서 고득점을 얻은 본교의 학생으로부터 "수업에서 푼 실전 문제가 많은 도움이 되었다."라는 의견이 있었습니다. 그러한 경위에서 한 사람이라도 더 많게 일본유학시험을 수험하는 분에게 힘이 되고 싶다는 생각에서 이 책을 출판하였습니다.

    이 책은 과거 일본유학시험의 출제 내용에 기초하여 작성하였고 각 과목마다 과거에 출제된 문제에 매우 가까운 내용으로 구성되어 있습니다. 난이도나 출제 범위의 경향도 확실히 파악하고 매년 조금씩 변화해 가는 경향에도 대처하고 있습니다.

    학습에 있어서는 마크시트 출제 형식에 익숙해지는 것과 더불어 틀린 문제는 반복해서 풀어 봅시다. 단순히 암기하는 것만이 아니라 "왜 이러한 답이 되는가?"라는 해답의 의미까지 확실하게 이해합시다.

    이 책으로 공부하신 여러분이 실제 시험에서 고득점을 달성하여 목표로 하는 대학으로 진학하는 꿈을 실현할 수 있도록 마음 속 깊이 응원하고 있습니다.

2022년 4월

메코시코주쿠

이 책에 대하여

[이 책의 특징]

1. 실제 시험에 입각한 형식

　이 책에 수록되어 있는 10회분의 실전 문제는 지금까지 출제된 과거의 종합과목 시험을 철저하게 연구하여 실제 시험과 같은 형식, 출제 범위로 작성하였습니다. 그러한 이유로 이 책에 수록되어 있는 문제의 대응력을 익힘으로써 실제 시험에서도 당황하지 않고 제대로 해답할 수 있는 능력을 익힐 수 있습니다.

2. 엄선된 출제 포인트

　이 책에 수록된 10회분의 실전 문제, 총 380개의 문제는 과거 종합과목의 시험 출제 경향을 기초로하여 분야마다 문제 수나 출제 포인트가 설정되어 있습니다. 수급곡선이나 일본국 헌법과 같은 매우 빈번한 출제 포인트는 물론이고 이후 수년간 출제가 예상되는 시사문제나 매년 몇 문제씩 나오는 새로운 형식의 문제까지 일본유학시험 종합과목의 출제 형식에 맞춘 형태로 수록하고 있습니다.

3. 풍부한 복습 포인트

　이 책의 문제를 해답한 후에는 책의 끝부분에 있는 해답·해설을 활용해 봅시다. 자신이 풀지 못했던 문제 뿐만이 아니라, 답했던 문제도 관련 항목이나 주의해야 할 포인트가 모두 기재되어 있으므로 그것을 바탕으로 더욱 지식을 쌓을 수 있으며 폭 넓은 출제 포인트에 대비할 수 있습니다.

[이 책의 사용법]

　종합과목에서 지정되어 있는 출제 범위의 학습이 끝났다면 우선은 실제 시험과 완전히 동일한 제한시간으로 이 책의 실전 문제를 풀어봅시다. 각 회의 실전 문제의 표지 오른쪽 아래에 있는 QR코드로 Web페이지에 접속하면 해답 용지가 표시됩니다.

　문제를 다 풀었다면 정답과 더불어 득점과 득점 분포를 확인해 봅시다. 자신의 점수를 다른 수험생의 점수와 비교하는 것이 가능합니다. 자신의 학습 진척 상황을 인식하기 위해 활용해 주십시오. 또한, 득점분포에 관해서는 일본유학시험과 마찬가지로 항목반응 이론을 사용한 득점등화를 실시하고 있으므로 실제 시험에 가까운 결과를 얻을 수 있습니다. 책의 끝부분에 있는 실제 시험과 같은 형식의 마크시트 해답 용지가 있으므로 이용해 보십시오.

　득점을 확인했다면 자신의 득점에 일희일비하지 마시고 Web상에서나 책의 끝부분에 있는 해답·해설을 이용하여 해답할 수 없었던 문제에 대해서는 왜 해답할 수 없었는지, 해답할 때 어떤 지식이 필요했는지를 확인해 보십시오. 추가로 정답인 부분에 대해서도 해답·해설에 관련된 항목 등이 기재되어 있으므로 자신의 지식을 쌓기 위해 확실하게 복습합시다. 그리고 여러 번 문제를 푸는 과정에서 자신의 강점인 분야, 약점인 분야를 파악하여 학습시간 배분을 정하는 것에도 도움이 될 것입니다.

　이 책은 단순히 실전 문제를 풀고 해답하는 것으로 끝내는 것이 아닙니다. 그 결과를 돌아보고 더 나아가 지식을 쌓음으로써 진정한 가치를 얻을 수 있습니다.

　이 책의 문제를 여러 번 풀어 종합과목에 대한 대책에 만전을 기한다면 여러분은 실제 시험에서도 반드시 좋은 결과를 낼 수 있을 것입니다!

　그럼, 힘내 봅시다!

득점분포의 확인

● STEP 1

먼저 각 회의 실전문제 표지 오른쪽 아래에 있는 QR코드를 스마트폰으로 읽습니다.

● STEP 2

읽히게 되면 해답용지가 표시됩니다.

정답이라고 생각하는 번호를 클릭하여 진행해 봅시다.

마지막까지 다 풀었다면 화면 아래에 있는 「제출과 정답표」버튼을 누릅니다.

● STEP 3

정답표가 표시됩니다. 여기서 틀린 문제는 정답번호가 빨갛게 표시되므로 확실히 복습합시다. 「해설」버튼을 누르면 해설을 확인할 수 있습니다. 또한, 화면 아래쪽의 「득점분포를 본다」라는 버튼을 누르면 자신의 득점과 전체 수험자 중에서 자신의 위치를 확인할 수 있습니다.

※ 확인하기 위해서는 등록과 로그인이 필요합니다. (→ 조작방법은 STEP4에서 확인하실 수 있습니다.)

● STEP 4

「득점분포를 본다」라는 버튼을 누르면 「등록화면으로」가 표시되므로 그 버튼을 누릅니다. 필수항목을 모두 기입하면 「등록」버튼을 눌러주십시오.

● STEP 5

자신의 득점 및 득점분포도가 표시됩니다.

※ 실전문제는 몇 번이든지 수험할 수 있습니다만 득점과 득점분포의 산출은 1인당 1회만 가능합니다.

※ 일본유학시험과 거의 동일하게 항목 반응 이론에 의한 득점등화를 실시하고 있습니다.

※ 수험자수가 증가함에 따라서 득점기준이 변화하는 점을 양해 바랍니다.

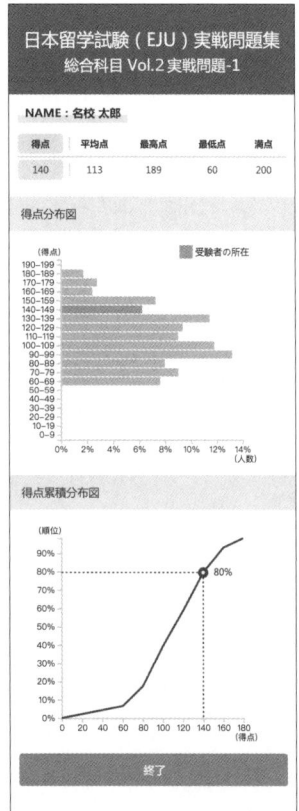

일본유학시험(EJU) 실전문제집
종합과목 Vol.2

CONTENTS

第1回

実戦問題

解答時間 **80**分

正解と得点分布図確認

QRコードを読み取っ
てオンライン解答用
紙に解答を記入し、正
解と得点分布を確認
してください。

問1　次の文章を読み，下の問い(1)〜(4)に答えなさい。

　南大西洋上に，サウスジョージア島（South Georgia Island）という名前の₁イギリス（UK）領の島がある。南極のガラパゴスと呼ばれるほど独特の野生動物が多く生息し，アホウドリなどの絶滅危惧鳥類もみられる。

　サウスジョージア島は，₂18世紀にイギリスの海洋探検家ジェームズ・クック（James Cook）が発見して領有を宣言したことをきっかけとしてイギリス領となった。しかし，地理的には₃アルゼンチン（Argentina）の近くに位置しており，アルゼンチンも自国領土であると主張してきた。1982年にアルゼンチンとイギリスの間で₄国際紛争が起きた際には，アルゼンチン海軍がこの島を一時的に併合したが，のちにイギリス軍が奪還した。

(1)　下線部**1**に関して，イギリスの首都ロンドン（London）の位置として正しいものを，次の地図中の①〜④の中から一つ選びなさい。　　　　　　　　　　　　　$\boxed{1}$

(2)　下線部 **2** に関して，18世紀に起きた出来事A〜Dを年代順に並べたものとして正しいものを，次の①〜④の中から一つ選びなさい。　**2**

　　A：ボストン茶会事件

　　B：ロベスピエールの処刑

　　C：フランス人権宣言の制定

　　D：アメリカ合衆国憲法の制定

　　①　A→B→C→D

　　②　A→D→B→C

　　③　A→D→C→B

　　④　D→A→B→C

(3)　下線部 **3** に関して，アルゼンチンは世界有数の大豆輸出国であることで知られている。次の表は，世界における大豆の生産量（2017年）を示したものである。表中のA〜Cに当てはまる組み合わせとして正しいものを，下の①〜④の中から一つ選びなさい。　**3**

単位：1000トン

世界	352,644
A	119,518
B	114,599
アルゼンチン	54,972
C	13,149
インド	10,981
パラグアイ	10,478

	A	B	C
①	アメリカ	ブラジル	中国
②	アメリカ	中国	ブラジル
③	中国	ブラジル	アメリカ
④	中国	アメリカ	ブラジル

『世界の統計2019年版』より作成
注）インド（India），パラグアイ（Paraguay），アメリカ（USA），ブラジル（Brazil），中国（China）

⑷　下線部 **4** に関して，この紛争の名称として正しいものを，次の①〜④の中から一つ選び
なさい。　　　　　　　　　　　　　　　　　　　　　　　　　　　　　　　　　　**4**

①　フォークランド紛争

②　北アイルランド紛争

③　ジブラルタル紛争

④　チェチェン紛争

注）フォークランド (Falkland)，北アイルランド (Northern Ireland)，ジブラルタル (Gibraltar)，
チェチェン (Chechnya)

問2　次の文章を読み，下の問い⑴〜⑷に答えなさい。

₁メキシコ (Mexico) は1821年にスペイン (Spain) の支配から独立した後，米墨戦争
(Mexican-American War) や，内戦などの混乱を経て，₂「建国の父」と呼ばれる人物が指導
者に就任し，民主主義的な憲法が制定された。その後，20世紀初頭のメキシコ革命 (Mexico
Revolution)，第二次世界大戦を経て工業国に転身し，国力を高めていった。しかし，産油国
でもあったメキシコは₃原油価格が下落した1980年代以降，経済危機に見舞われ，₄アメリカ
との貿易協定に反発する勢力の武装蜂起もあって，政治体制は混乱を深め，武装化した麻薬組
織との抗争など，国内の治安が悪化している。

⑴　下線部 **1** に関して，次の表はメキシコ，ロシア (Russia)，フィリピン (Philippines)，
バングラデシュ (Bangladesh) の2017年度の人口と主に信仰されている宗教を表したもの
である。表中からメキシコに当てはまるものを，下の①〜④の中から一つ選びなさい。

　　　　　　　　　　　　　　　　　　　　　　　　　　　　　　　　　　　　　5

	人口（千人）	主に信仰されている宗教
①	159,671	イスラム教
②	144,497	東方正教会
③	124,777	カトリック
④	105,173	カトリック

世界銀行のデータより作成

⑵　下線部2に関して，1861年にメキシコの指導者となり，「建国の父」と呼ばれている人物として最も適当なものを，次の①〜④の中から一つ選びなさい。　**6**

① シモン・ボリバル（Simon Bolivar）

② トゥサン・ルヴェルチュール（Toussaint Louverture）

③ ベニート・フアレス（Benito Juarez）

④ サン・マルティン（San Martin）

⑶　下線部3に関して，次のグラフは，2015年におけるタイ（Thailand），サウジアラビア（Saudi Arabia），ロシア，イギリスの原油自給率を示したものである。グラフ中のA〜Dに当てはまる国名の組み合わせとして正しいものを，下の①〜④の中から一つ選びなさい。　**7**

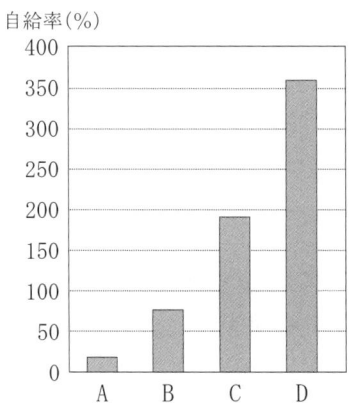

『世界国勢図会　2018/19年版』より作成

	A	B	C	D
①	イギリス	タイ	ロシア	サウジアラビア
②	イギリス	タイ	サウジアラビア	ロシア
③	タイ	イギリス	ロシア	サウジアラビア
④	タイ	イギリス	サウジアラビア	ロシア

⑷　下線部 **4** に関して，メキシコがアメリカと締結している貿易協定として最も適当なものを，
次の①～④の中から一つ選びなさい。　　　　　　　　　　　　　　　　　**8**

　①　MERCOSUR

　②　USMCA

　③　ASEAN

　④　EFTA

問3　生産コスト以上の金額を支払える消費者が存在しない財の供給曲線と需要曲線を表した
ものとして最も適当なものを，次の①～④の中から一つ選びなさい。　　　　**9**

①
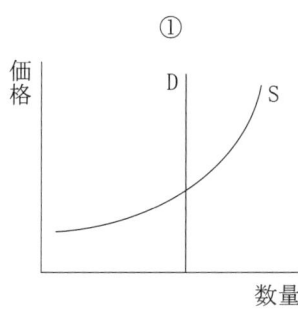

②
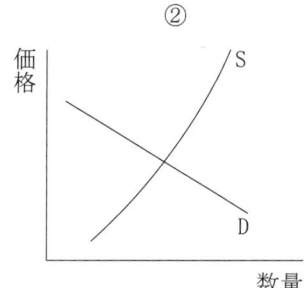

③
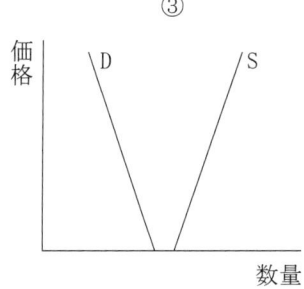

④
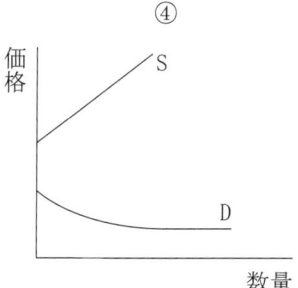

問4　ある国のGDP（国内総生産）を計算する式として最も適当なものを，次の①〜④の中から一つ選びなさい。　　　　　　　　　　　　　　　　　　　　　　　　　　**10**

①　GNI（国民総所得）－海外からの純所得

②　GNP（国民総生産）－建物・機械の固定資本減耗

③　NI（国民所得）－間接税

④　NNP（国民純生産）－間接税＋補助金

問5　日本の株式会社に関する次の文章中の空欄 a ， b に当てはまる語の組み合わせとして最も適当なものを，下の①〜④の中から一つ選びなさい。　　　　　　　　　**11**

　日本の株式会社の最高意思決定機関は a である。また，株式会社の特徴として，出資者は出資額に b の責任を負うことが挙げられる。

	a	b
①	株主総会	関わらず無限
②	株主総会	応じた有限
③	取締役会	関わらず無限
④	取締役会	応じた有限

問6　次のグラフは、1990年から2017年までの日本、アメリカ、ドイツ(Germany)、フランス(France)の全就業者の年間労働時間の推移を表したものである。グラフ中のA～Dに当てはまる国名の組み合わせとして最も適当なものを、下の①～④の中から一つ選びなさい。　**12**

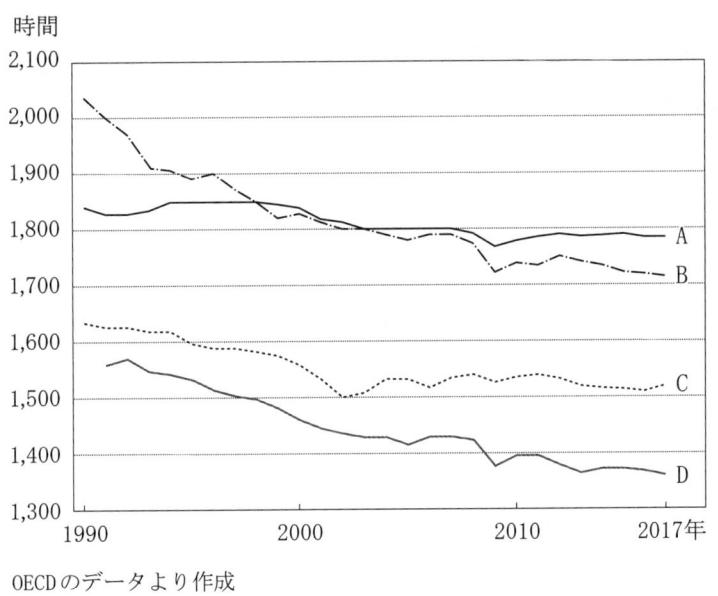

時間

OECDのデータより作成

	A	B	C	D
①	アメリカ	日本	フランス	ドイツ
②	日本	ドイツ	アメリカ	フランス
③	日本	アメリカ	ドイツ	フランス
④	ドイツ	日本	フランス	アメリカ

問7　日本の社会保障の四つの柱に**含まれないもの**を、次の①～④の中から一つ選びなさい。

13

① 社会保険

② 公的扶助

③ 公衆衛生

④ 所得補償

問8　中央銀行は金融政策の一つとして，金融市場で民間金融機関との間で国債等の有価証券の売買を実施する。このうち，一般的に不況時におこなう政策として最も適当なものを，次の①〜④の中から一つ選びなさい。　　　　　　　　　　　　　　　　　　　　　　14

①　預金準備率操作

②　公定歩合操作

③　買いオペレーション

④　売りオペレーション

問9　次のグラフは日本の2018年の税収の内訳を表したものである。グラフ中のA〜Dに当てはまる税の種類の組み合わせとして最も適当なものを，下の①〜④の中から一つ選びなさい。　　　15

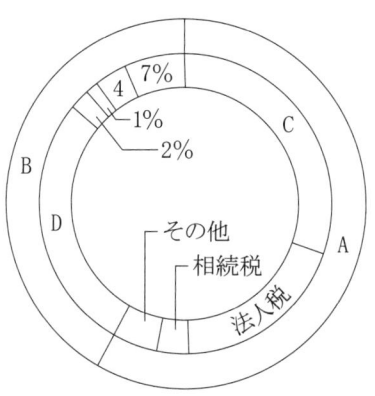

統計局ホームページより作成

	A	B	C	D
①	直接税	間接税	地方税	関税
②	直接税	間接税	所得税	消費税
③	間接税	直接税	地方税	消費税
④	間接税	直接税	所得税	関税

問10　日本の公債に関する記述として最も適当なものを，次の①〜④の中から一つ選びなさい。

16

① 原則として，赤字国債の多くは直接日本銀行によって購入されなければならない。

② 第二次石油危機後の不況を背景に日本で建設国債の発行が始まった。

③ 日本の財政における国債依存度は10%を下回っている。

④ 日本は他の先進国と比べ，GDPに対する国債の発行残高の割合が著しく高い。

問11　ある日本企業がある年度の予算として，予想為替レートを1ドル＝100円，アメリカでの販売額を120億円と計画していたが，実際の決算の際には為替レートは1ドル＝90円，アメリカでの販売額は99億円だった。この場合，アメリカドルにおける，予算で計画した売上と実際の販売額の差額を表したものとして最も適当なものを，次の①〜④の中から一つ選びなさい。

17

① 0

② 1,000万ドル

③ 2,100万ドル

④ 2,330万ドル

問12　石油危機に関する記述として最も適当なものを，次の①〜④の中から一つ選びなさい。

18

① 第一次石油危機は，アラブ石油輸出国機構の主導によるものである。

② 第一次石油危機は，イラン・イラク戦争（Iran-Iraq War）が原因となって発生した。

③ 第二次石油危機は，第四次中東戦争（Yom Kippur War）がきっかけとなって発生した。

④ 第二次石油危機は，アメリカが金ドル兌換制度を停止するきっかけとなった。

問13　経済活動に関する次の文章を読み，文章中の空欄 a ， b に当てはまる語の組み合わせとして最も適当なものを，下の①〜④の中から一つ選びなさい。 **19**

　同一業種の企業が合併する a は原則的に自由であるが，日本においては b によって審査され，市場を独占・寡占するおそれがある場合には認められない。

	a	b
①	カルテル	経済産業省
②	カルテル	公正取引委員会
③	トラスト	経済産業省
④	トラスト	公正取引委員会

問14　ケッペン（Köppen）の気候区分である西岸海洋性気候に関する次の文章中の空欄 a ， b に当てはまる語の組み合わせとして最も適当なものを，下の①〜④の中から一つ選びなさい。 **20**

　西岸海洋性気候の大きな特徴は，偏西風と海流の影響によって，緯度の割に一年の a の平均気温が高いことであり， b は代表的な西岸海洋性気候の都市である。

	a	b
①	最寒月	ニューヨーク
②	最寒月	パリ
③	最暖月	ニューヨーク
④	最暖月	パリ

注）ニューヨーク（New York），パリ（Paris）

問15　次の地図のA地域に広がる地形に関する文章中の空欄　a　，　b　に当てはまる語の組

み合わせとして最も適当なものを，下の地図中の①～④の中から一つ選びなさい。　**21**

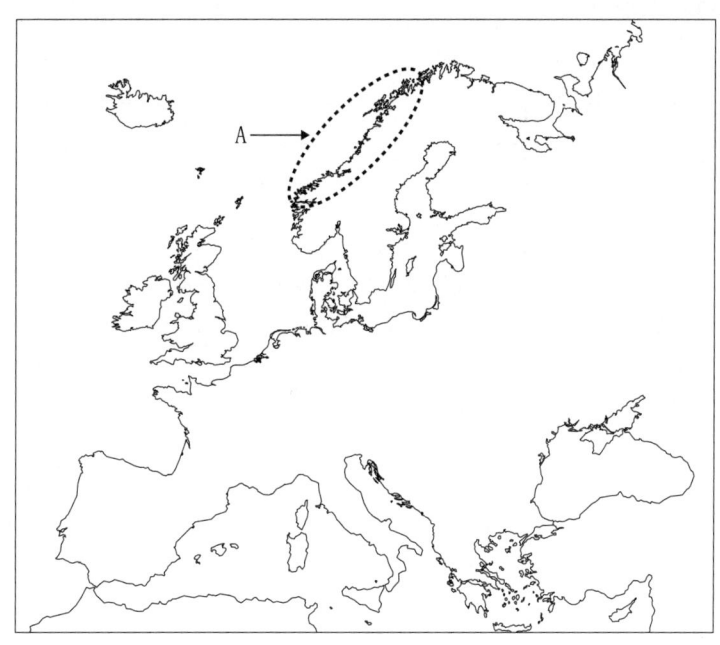

　　この地図のA地域に広がる地形は，　a　の侵食によって形成されたU字谷が沈んでできたも

のである。この地形は地図のA地域の他，　b　沿岸にも形成されている。

	a	b
①	高潮	マダガスカル
②	高潮	チリ
③	氷河	マダガスカル
④	氷河	チリ

　　注）マダガスカル（Madagascar），チリ（Chile）

問16　次の表は鉄鉱石，金，銅，ボーキサイトの2015年の産出量上位10カ国を示したものである。

表中のA～Dに当てはまる鉱物資源の組み合わせとして最も適当なものを，下の①～④の

中から一つ選びなさい。　　　　　　　　　　　　　　　　　　　　　　**22**

順位	A	B	C	D
1	オーストラリア	チリ	オーストラリア	中国
2	ブラジル	中国	中国	オーストラリア
3	中国	ペルー	ブラジル	ロシア
4	インド	アメリカ	マレーシア	アメリカ
5	ロシア	コンゴ民主共和国	インド	カナダ
6	南アフリカ	オーストラリア	ギニア	ペルー
7	ウクライナ	ロシア	ジャマイカ	南アフリカ
8	アメリカ	ザンビア	ロシア	メキシコ
9	カナダ	カナダ	カザフスタン	ウズベキスタン
10	イラン	メキシコ	ギリシャ	インドネシア

アメリカ地質調査所（USGS）の資料より作成

	A	B	C	D
①	ボーキサイト	金	鉄鉱石	銅
②	金	鉄鉱石	銅	ボーキサイト
③	鉄鉱石	銅	ボーキサイト	金
④	銅	ボーキサイト	金	鉄鉱石

注）オーストラリア（Australia），南アフリカ（South Africa），カナダ（Canada），ペルー（Peru），
　　コンゴ民主共和国（Congo），ザンビア（Zambia），マレーシア（Malaysia），ギニア（Guinea），ジャ
　　マイカ（Jamaica），カザフスタン（Kazakhstan），ギリシャ（Greece），ウズベキスタン（Uzbekistan），
　　インドネシア（Indonesia）

問17　次の地図上で塗り潰されている地域は，ある言語が公用語とされている国である。これらの国々の公用語として最も適当なものを，下の①～④の中から一つ選びなさい。

23

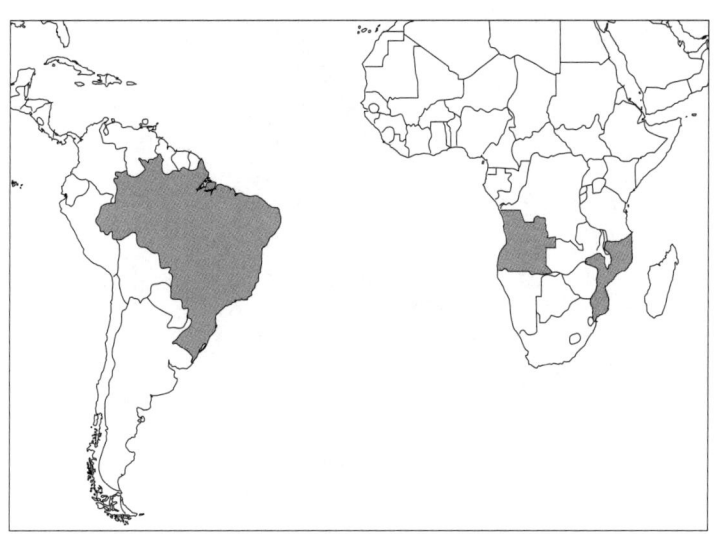

①　英語（English）

②　ポルトガル語（Portuguese）

③　スペイン語（Spanish）

④　フランス語（French）

問18　ポー平原に位置するミラノ（Milan）は古くからファッション関連の産業が盛んである。

ミラノの位置として最も適当なものを，次の地図中の①～④の中から一つ選びなさい。

24

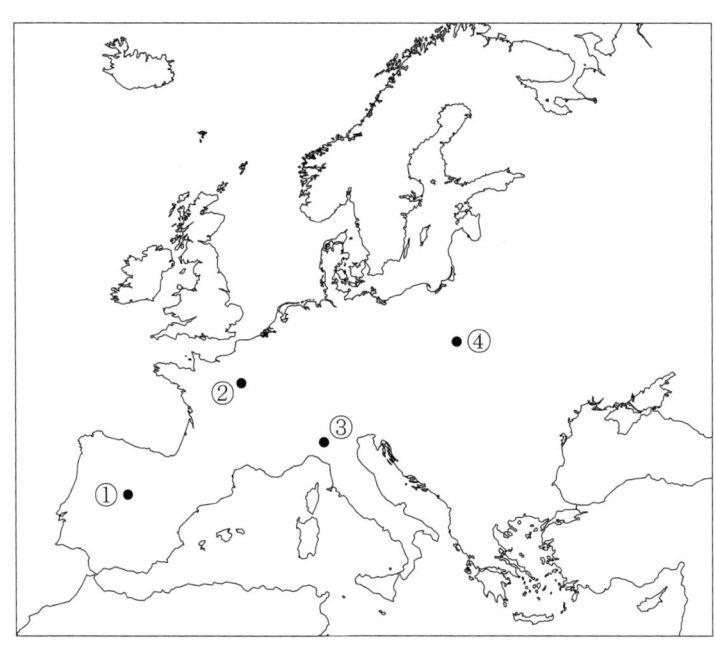

問19　国連教育科学文化機関（UNSECO）の説明として最も適当なものを，次の①～④の中から
一つ選びなさい。

25

①　発展途上国の子どもたちに援助する国際機関である。

②　政治迫害など被害にあった難民を保護する国際機関である。

③　労働者問題の改善に取り組む国際機関である。

④　教育や科学などの国際協力を通じて，世界平和を実現させる国際機関である。

問20　日本国会の国政調査権に関する記述として最も適当なものを，次の①〜④の中から一つ選びなさい。　**26**

① 国政調査権を発動するには，天皇の承認を得る必要がある。

② 裁判所の判決に対して，国政調査権を行使することはできる。

③ 参議院と衆議院は，それぞれ証人喚問を独立して実施できる。

④ 政府に対して，国政調査権を行使することはできない。

問21　日本の地方自治の制度に関する記述として最も適当なものを，次の①〜④の中から一つ選びなさい。　**27**

① 市町村の議会では一院制を採用するが，都道府県の議会では二院制を採用する。

② 都道府県知事は直接選挙によって選出され，市町村長を自由に任命・罷免できる。

③ 地方議会の議員は直接選挙によって選出され，不逮捕特権を有する。

④ 内閣総理大臣は，いかなる場合においても知事を解任することができない。

問22　日本の人権に関する次の文章中の空欄　a　，　b　に当てはまる語の組み合わせとして最も適当なものを，下の①〜④の中から一つ選びなさい。　**28**

　日本国憲法においてはさまざまな形で人権の保障が規定されているが，明文化されていない「新しい人権」の存在が注目されている。例えば，政府や地方公共団体の保有する情報の公開を求める権利である　a　や，環境権がある。また，「新しい人権」の一つであるプライバシー権に関しては2003年に　b　が制定されるなど，実際の法律として明文化されている。

	a	b
①	知る権利	個人情報保護法
②	知る権利	住民基本台帳法
③	自己決定権	個人情報保護法
④	自己決定権	住民基本台帳法

問23 ヨーロッパ（Europe）の思想に関する次の文章中の空欄 a ， b に当てはまる語の組み合わせとして最も適当なものを，下の①〜④の中から一つ選びなさい。 **29**

　イギリスのトマス・ホッブズ（Thomas Hobbes）は人間の生存の権利は自然権であると考え，それまで絶対王政国家の a を否定した。この考えは，『統治二論』を著し名誉革命を擁護した b など，後の多くの思想家に影響を与えた。

	a	b
①	社会契約説	ロック
②	社会契約説	ルソー
③	王権神授説	ロック
④	王権神授説	ルソー

注）ロック（John Locke），ルソー（Jean-Jacques Rousseau）

問24 各国の政治制度に関する記述として最も適当なものを，次の①〜④の中から一つ選びなさい。 **30**

① スウェーデン（Sweden）では，慎重な審議が求められ，二院制が採用される。

② ロシアでは，国会で過半数の議席を占める政党の党首が大統領として指名される。

③ フランスでは，首相と大統領は併存し，大統領には国会下院の解散権を持つ。

④ アメリカでは，国民が連邦議会議員と首相の両方を直接に選出し，双方の権力の抑制と均衡を図る。

問25 圧力団体に関する記述として最も適当なものを，次の①〜④の中から一つ選びなさい。

31

① 日本における代表的な圧力団体として，自衛隊がある。

② 圧力団体は自分たちの利益の実現のために政権の取得を目指す。

③ 圧力団体の影響力を弱めるために，日本では団体から政党への献金が全面的に禁止されている。

④ 圧力団体が自分たちの利益のために政治に働きかける活動を「ロビー活動」と呼ぶ。

問26 マックス・ウェーバー (Max Weber) は権力者が支配を正当化する三つの要素があるとした。その要素として**適当でないもの**を，次の①〜④の中から一つ選びなさい。

32

① 合法的支配

② 共和的支配

③ カリスマ的支配

④ 伝統的支配

問27 17世紀に起きた三十年戦争（Thirty Years' War）は主権国家体制が確立されることになるきっかけともなった。それが明文化された三十年戦争の講和条約として最も適当なものを，次の①〜④の中から一つ選びなさい。

33

① ウェストファリア条約（Peace of Westphalia）

② ヴェルサイユ条約（Treaty of Versailles）

③ ウィーン条約（Treaty of Vienna）

④ ユトレヒト条約（Treaty of Utrecht）

問28　香港は中国最初の特別行政区であり，1997年にイギリスから返還された。香港がイギリス領になったきっかけとして最も適当なものを，次の①～④の中から一つ選びなさい。

$\boxed{34}$

①　北清事変

②　太平天国の乱

③　戊戌の変法

④　アヘン戦争

問29　19世紀の日本に関する出来事A～Dを年代順に並べ替えたものとして正しいものを，次の①～④の中から一つ選びなさい。

$\boxed{35}$

A：日清戦争の勃発

B：三国干渉

C：黒船来航

D：明治憲法の制定

①　C→B→A→D

②　C→D→A→B

③　D→B→C→A

④　D→C→A→B

問30　20世紀初頭から第一次世界大戦までヨーロッパの火薬庫と呼ばれる地域として正しいものを，次の①～④の中から一つ選びなさい。　**36**

①　バルカン半島

②　スカンジナビア半島

③　イタリア半島

④　イベリア半島

問31　世界恐慌による経済危機を対処するためにイギリスの対策として最も適当なものを，次の①～④の中から一つ選びなさい。　**37**

①　国家規模の公共事業を実施し，総需要管理をおこなった。

②　オタワ会議を開催し，ブロック経済の実施をおこなった。

③　一党独裁体制を築き，軍需産業を拡大して失業者を救済した。

④　計画経済を推進し，工業化と農業集団化を実施した。

問32　戦後の日本経済に関する記述として**適当でないもの**を，次の①～④の中から一つ選びなさい。　**38**

①　減反政策を導入することによって自作農の増加を図った。

②　基幹産業に資金を投入し，経済復興を目指す傾斜生産方式が実施された。

③　朝鮮戦争は日本に特需をもたらし，経済復興の大きな要因となった。

④　農地改革の結果，寄生地主制が事実上廃止された。

総合科目の問題はこれで終わりです。解答欄の **39** 〜 **60** はマークしないでください。

この問題冊子を持ち帰ることはできません。

実戦問題

解答時間 **80**分

問1 次の文章を読み，下の問い(1)～(4)に答えなさい。

　　₁モルディブ(Maldives)は約1200の島々からなる島国であり，東京との距離は約7700キロメートルである。人口は約40万であり，住民の多くはイスラム教を信仰する。面積は約300平方キロメートルであり，東京23区の約半分くらいである。1965年に₂イギリス(UK)から独立し，数年で共和制に移行した。モルディブは言語，文化両面でアラビア語の影響を受けたが，₃1960年代からは教育に英語が取り入れられており，モルディブでは英語が広く通用するようになった。モルディブの土地の標高は一番高いところでも2.4mしかないと言われ，₄海面上昇による国家存亡の危機に瀕している。

(1)　下線部1に関して，モルディブの位置として正しいものを，次の地図中の①～④の中から一つ選びなさい。

1

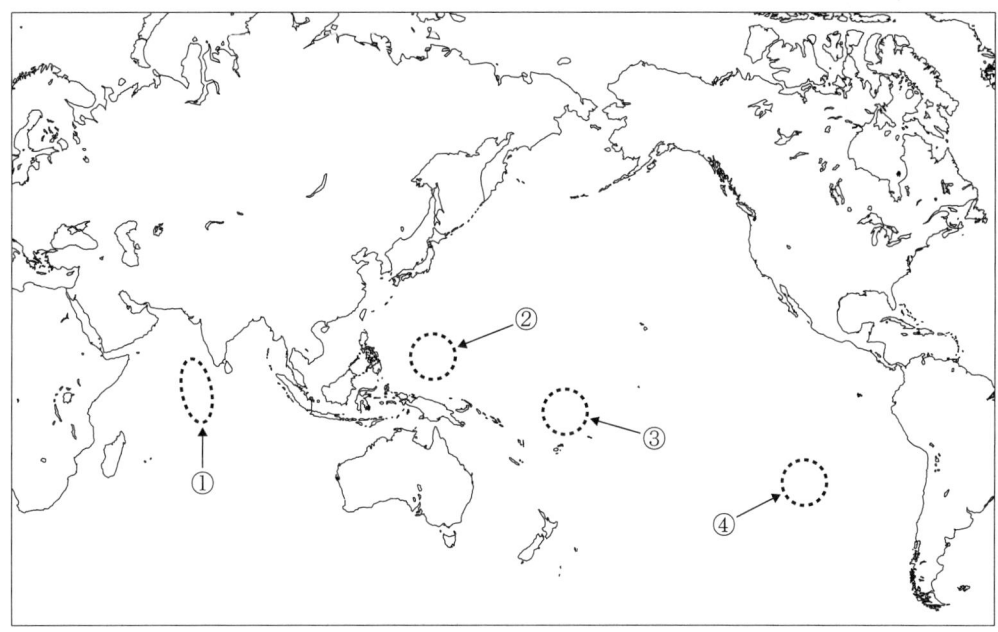

⑵　下線部 **2** に関して，イギリスの政治制度に関する記述として最も適当なものを，次の①
　　～④の中から一つ選びなさい。　　　　　　　　　　　　　　　　　　　　　　　 **2**

①　内閣は国民による直接選挙によって選出される。

②　下院選挙は，単純小選挙区制でおこなわれている。

③　上院選挙は，小選挙区比例代表並立制でおこなわれている。

④　すべての裁判所が違憲立法審査権を持つが，最高裁判所が終審として決定する。

⑶　下線部 **3** に関して，1960年代に起こった出来事を年代順に並べたものとして正しいものを，
　　次の①～④の中から一つ選びなさい。　　　　　　　　　　　　　　　　　　　　 **3**

A：日米安全保障条約の改定

B：東京オリンピックの初開催

C：日本のGNPが世界第二位に上昇

D：公害対策基本法の公布

①　A→B→D→C

②　A→C→B→D

③　C→A→B→D

④　C→D→A→B

⑷　下線部 **4** に関して，モルディブと同様の危機に瀕している国として<u>正しくないもの</u>を，
　　次の①～④の中から一つ選びなさい。　　　　　　　　　　　　　　　　　　　　 **4**

①　ツバル（Tuvalu）

②　オランダ（Netherlands）

③　キリバス（Kiribati）

④　マダガスカル（Madagascar）

問2　次の文章を読み，下の問い(1)～(4)に答えなさい。

　アメリカ（USA）は₁独立戦争を経て，イギリスから独立し，国家としての一歩を踏み出した。その国家制度はモンテスキュー（Montesquieu）の三権分立の考え方を基にしており，強大な権力を持った₂大統領と議会が牽制（けんせい）し合うことで権力が分立されている。アメリカは広大な国土と豊富な資源に支えられた世界有数の₃農業生産力と工業生産力を武器に急速に発展を遂げ，19世紀末には世界でも有数の大国としての地位を確立し，現在では世界一の経済大国となっている。アメリカはガスや石油といった旧来のエネルギーだけでなく，₄地熱資源などの近年注目されている再生可能エネルギー資源も豊富に有しており，今後も世界に対して大きな影響力を持つことが予想されている。

(1)　下線部1に関して，アメリカが参加した戦争に関する記述として最も適当なものを，次の①～④の中から一つ選びなさい。　　　　　　　　　　　　　　　　　　　**5**

①　米墨戦争（Mexican-American War）で勝利したものの，領土を獲得することはできなかった。

②　南北戦争（American Civil War）では北軍が勝利し，黒人差別が全面的に法律で禁止された。

③　米西戦争（Spanish-American War）の結果，アメリカはキューバ（Cuba）を実質的に保護国化した。

④　第一次世界大戦でヨーロッパに出兵したアメリカはロシア（Russia）と戦い，戦勝国の一員となった。

⑵　下線部 **2** に関して，アメリカの大統領に関する記述として最も適当なものを，次の①～④の中から一つ選びなさい。　**6**

　　①　国民の投票による直接選挙で選出される。

　　②　議会から不信任決議を受けることがある。

　　③　議員との兼職が禁止されている。

　　④　下院を解散することができる。

⑶　下線部 **3** に関して，次の地図は，アメリカの農業地域を表したものである。A地域の主要な農産物として最も適当なものを，下の①～④の中から一つ選びなさい。　**7**

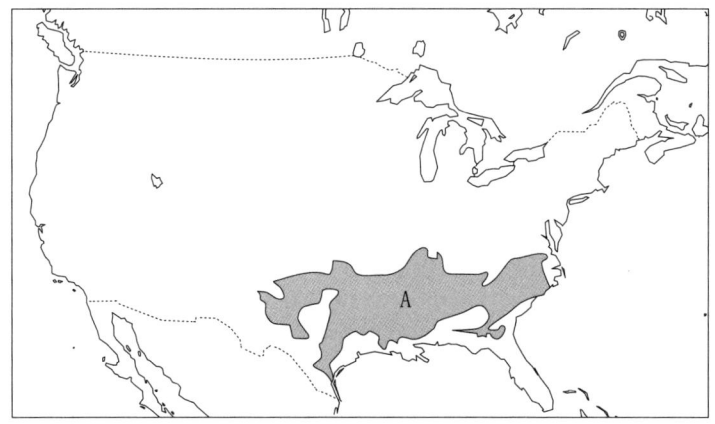

　　①　小麦

　　②　綿花

　　③　とうもろこし

　　④　酪農

⑷　下線部**4**に関して，次の表は，地熱発電能力の上位10カ国を表したものである。表中のA，Bに当てはまる国名の組み合わせとして最も適当なものを，下の①～④の中から一つ選びなさい。

8

単位：メガワット

順位	国名	発電能力
1	A	3719
2	フィリピン	1928
3	インドネシア	1860
4	トルコ	1064
5	B	978
6	メキシコ	919
7	イタリア	916
8	アイスランド	708
9	ケニア	676
10	日本	549

国際エネルギー企業BPのデータ（2017年）より作成
注）発電能力は，各国の地熱発電設備容量ベースである。

	A	B
①	中国	ハンガリー
②	中国	ニュージーランド
③	アメリカ	ハンガリー
④	アメリカ	ニュージーランド

注）フィリピン（Philippines），インドネシア（Indonesia），トルコ（Turkey），メキシコ（Mexico），イタリア（Italy），アイスランド（Iceland），ケニア（Kenya），中国（China），ハンガリー（Hungary），ニュージーランド（New Zealand）

問3　次の図はある財の需要曲線をD-D，課税前の供給曲線をS-S，課税後の供給曲線をS'-S'で表したものである。この図から読み取れることとして最も適当なものを，下の①～④の中から一つ選びなさい。　　　**9**

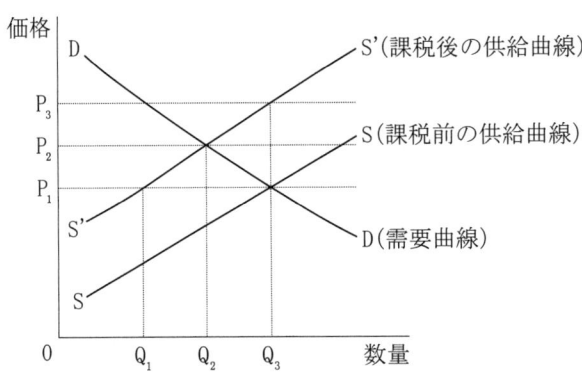

①　課税による取引数量の変化はQ_2-Q_1で表される。

②　課税による価格の変化はP_3-P_2で表される。

③　課税後の価格はP_1で表される。

④　課税後の取引数量はQ_2で表される。

問4　「市場の失敗」の例として**適当でないもの**を，次の①～④の中から一つ選びなさい。

10

①　ある業種で新規企業が参入し，既存企業の利益が減少する。

②　企業の経済活動の結果，有害物質が排出され，公害が発生する。

③　中古車市場において，買い手が欠陥のある商品を高値で買わされてしまう。

④　駅の建設によって周辺の商店街が繁栄した。

問5　三面等価に関する次の文章を読み，文章中の空欄 a ， b に当てはまる語の組み合わせとして最も適当なものを，下の①～④の中から一つ選びなさい。 **11**

国民所得における三面等価の原則とは，国民所得は生産面・分配面・ a のどの面からみても同じ値になることを示すものである。また，分配面から見たGDP＝ b 収入＋企業収入＋政府収入という式が成立する。

	a	b
①	支出面	投資
②	支出面	家計
③	消費面	投資
④	消費面	家計

問 6　経済学者とその著作に関する記述として最も適当なものを，次の①〜④の中から一つ選びなさい。　　　　　　12

　① リストは『政治経済学の国民的体系』を著し，積極的な国際貿易を主張した。

　② シュンペーターは『雇用・利子および貨幣の一般理論』を著し，イノベーションを中心とする独自の経済発展理論を展開した。

　③ マルクスは『資本論』の中で資本主義を科学的に分析，批判し，後の社会主義に大きな影響を与えた。

　④ リカードは『経済学および課税の原理』の中で関税による国内産業の保護に基づく経済発展を主張した。

　注) リスト (Friedrich Liszt)，シュンペーター (Joseph Schumpeter)，マルクス (Karl Marx)，リカード (David Ricardo)，『政治経済学の国民的体系』(The National System of Political Economy)，『雇用・利子および貨幣の一般理論』(The General Theory of Employment, Interest and Money)，『資本論』(Capital:Critique of Political Economy)，『経済学および課税の原理』(On the Principles of Political Economy and Taxation)

問 7　日本の中央銀行である日本銀行の役割に関する記述として最も適当なものを，次の①〜④の中から一つ選びなさい。　　　　　　13

　① 好況時には，預金準備率を上げる。

　② 不況時には，売りオペレーションを実施する。

　③ 一般市民への資金の貸付も実施する。

　④ 政府の発行した国債を直接引き受け，インフレーションを抑制する。

問8　所得税の累進課税制度を表すグラフとして最も適当なものを，次の①〜④の中から一つ選びなさい。　14

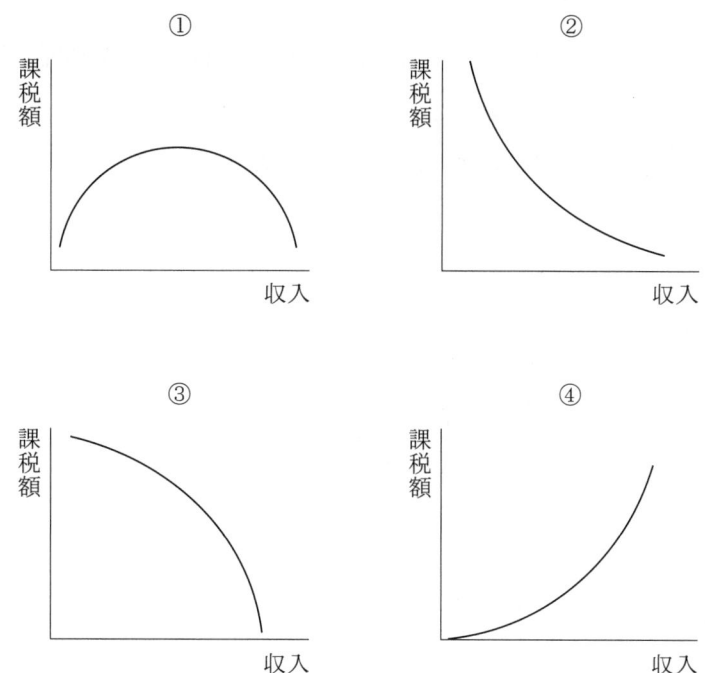

問9　株主と株式会社に関する記述として最も適当なものを，次の①〜④の中から一つ選びなさい。　15

①　株主は株主総会に出席する義務を負わない。

②　株式会社は，株主に対して出資金を返済する義務を負う。

③　株式会社の最高意思決定機関は取締役会である。

④　株主は株主総会では一人一票の議決権を持っている。

問10　産業革命に関する次の文章を読み，文章中の空欄 a ， b に当てはまる語の組み合わせとして最も適当なものを，下の①〜④の中から一つ選びなさい。　**16**

　産業革命は18世紀後半からイギリスで始まり， a が改良した蒸気機関などのさまざまな機械により，飛躍的に生産性が向上した。一方で急激な生産性の向上は貧富の差を拡大させ，イギリスで不満を持った労働者が機械を打ち壊す b 運動が発生した。

	a	b
①	スティーブンソン	エンクロージャー
②	ハーグリーヴス	ラダイト
③	ジョン・ケイ	エンクロージャー
④	ワット	ラダイト

注）スティーブンソン (George Stephenson)，ハーグリーヴス (Hargreaves)，ジョン・ケイ (John Kay)，ワット (James Watt)，エンクロージャー (enclosure)，ラダイト (Luddite)

問11　同一業種の複数の企業が資本的に結合した企業経営の形態を指す言葉として最も適当なものを，次の①〜④の中から一つ選びなさい。　**17**

①　ダンピング

②　トラスト

③　カルテル

④　コンツェルン

問12　1960年に「国民所得倍増計画」を発表した首相として最も適当なものを，次の①〜④の中から一つ選びなさい。　**18**

①　竹下登

②　福沢諭吉

③　橋本龍太郎

④　池田勇人

問13　アメリカでは，1オンスの金の価格は40ドルであるとされ，日本では1オンスの金の価格は6000円となっている。この場合，為替平価は，1ドル＝150円となる。今，為替平価と比較して，為替相場が1ドル当たり50円円安になったとする。上記の状況に関する記述として正しいものを，次の①〜④の中から一つ選びなさい。　19

①　アメリカで金1オンスを購入し，日本へ運び売却すれば2000円の利益を得ることができる。

②　日本で金1オンスを購入し，アメリカへ運び売却すれば1000円の利益を得ることができる。

③　アメリカで金1オンスを購入し，日本へ運び売却すれば10ドルの損をしてしまう。

④　日本で金1オンスを購入し，アメリカへ運び売却すれば20ドルの損をしてしまう。

問14　地形に関する次の文章を読み，文章中の空欄a，bに当てはまる語の組み合わせとして最も適当なものを，下の①〜④の中から一つ選びなさい。　20

イギリスのテムズ川河口のように，海に向かって三角形に開いた河口部をaと呼ぶ。これは平野を流れる河川が沈水してできたものであり，テムズ川以外にもb，ジロンド川に見られる。

	a	b
①	扇状地	ライン川
②	エスチュアリー	セーヌ川
③	フィヨルド	ライン川
④	デルタ	セーヌ川

注) テムズ川 (River Thames)，ジロンド川 (Gironde River)，エスチュアリー (estuary)，フィヨルド (fjord)，ライン川 (Rhine River)，セーヌ川 (Seine River)

問15　次のグラフは日本，中国，フランス（France），カナダ（Canada）の2016年の電源別発電電力量の構成比を示したものである。グラフ中のA～Dに当てはまる国名の組み合わせとして最も適当なものを，下の①～④の中から一つ選びなさい。　21

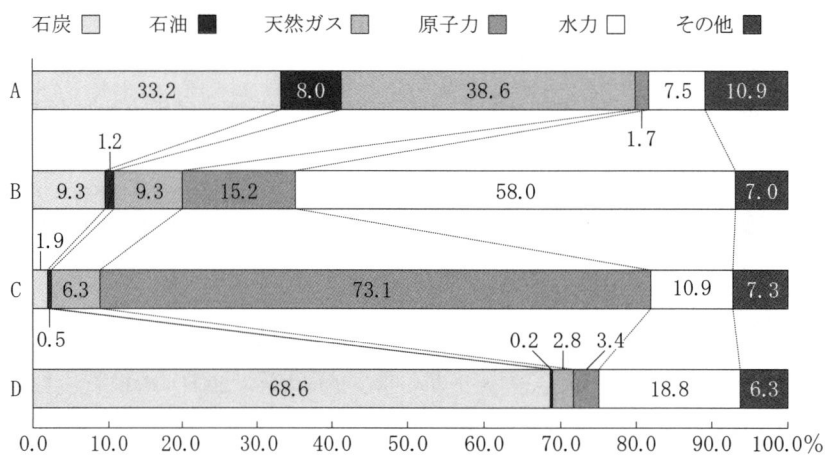

WORLD ENERGY BALANCES 2018 Editionのデータより作成

	A	B	C	D
①	カナダ	中国	フランス	日本
②	中国	カナダ	フランス	日本
③	日本	フランス	カナダ	中国
④	日本	カナダ	フランス	中国

問16　1992年に国際連合の主催によりブラジル（Brazil）で開催された国連環境開発会議において，地球環境問題に対応するために共有された理念として最も適当なものを，次の①～④の中から一つ選びなさい。　22

① かけがえのない地球

② 垂直的公平

③ 持続可能な開発

④ 最恵国待遇

問17　次の雨温図が示す地域として最も適当なものを，下の地図中の①〜④の中から一つ選び

なさい。　　　　　　　　　　　　　　　　　　　　　　　　　　　　　　　　　　　　23

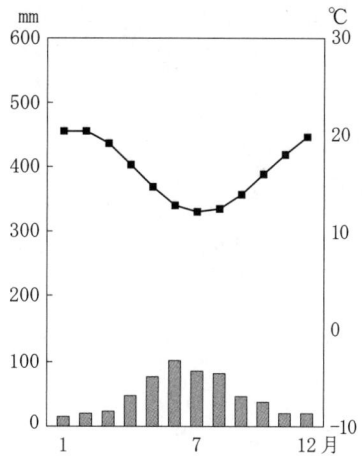

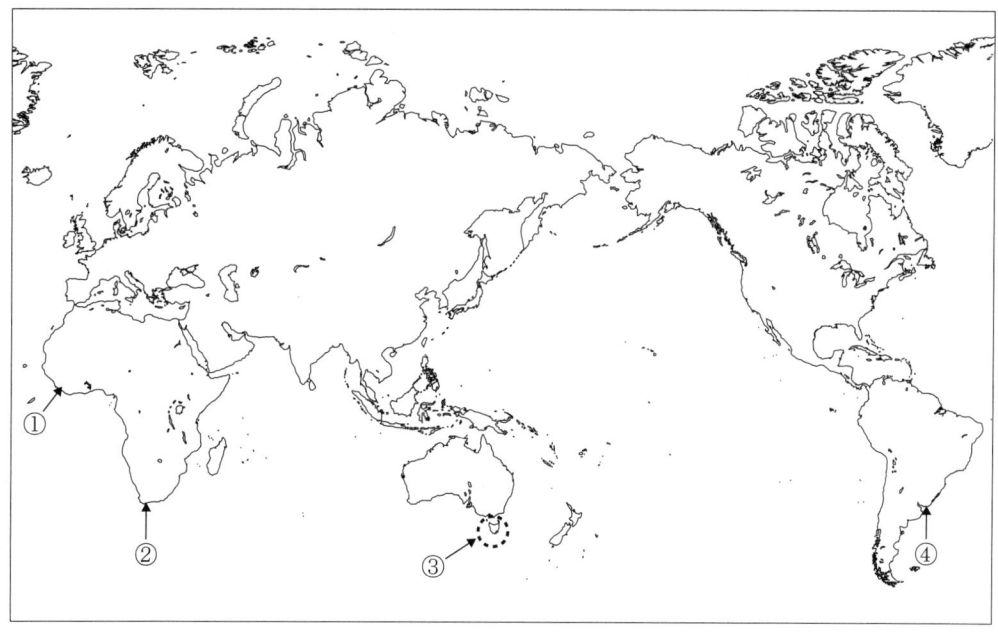

問18　マドリード（Madrid）からワルシャワ（Warsaw）の間の線分ABに沿って描かれた断面

図として最も適当なものを，次の①〜④の中から一つ選びなさい。　　　**24**

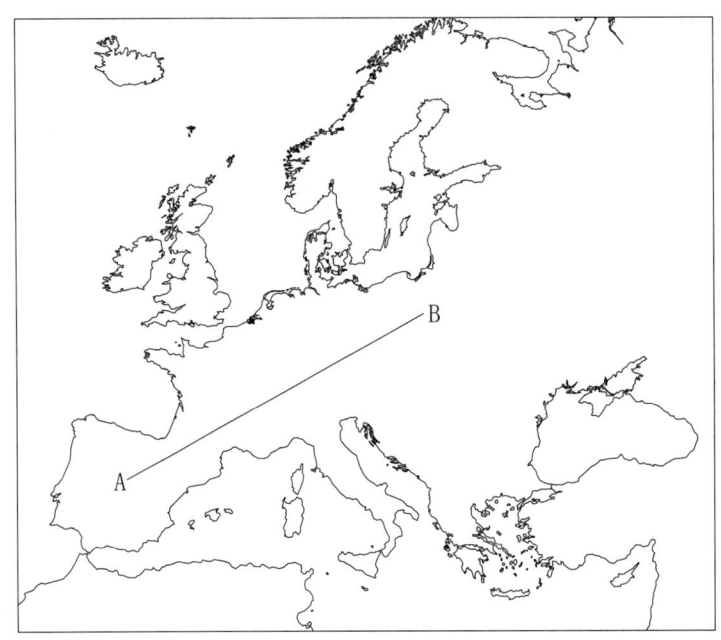

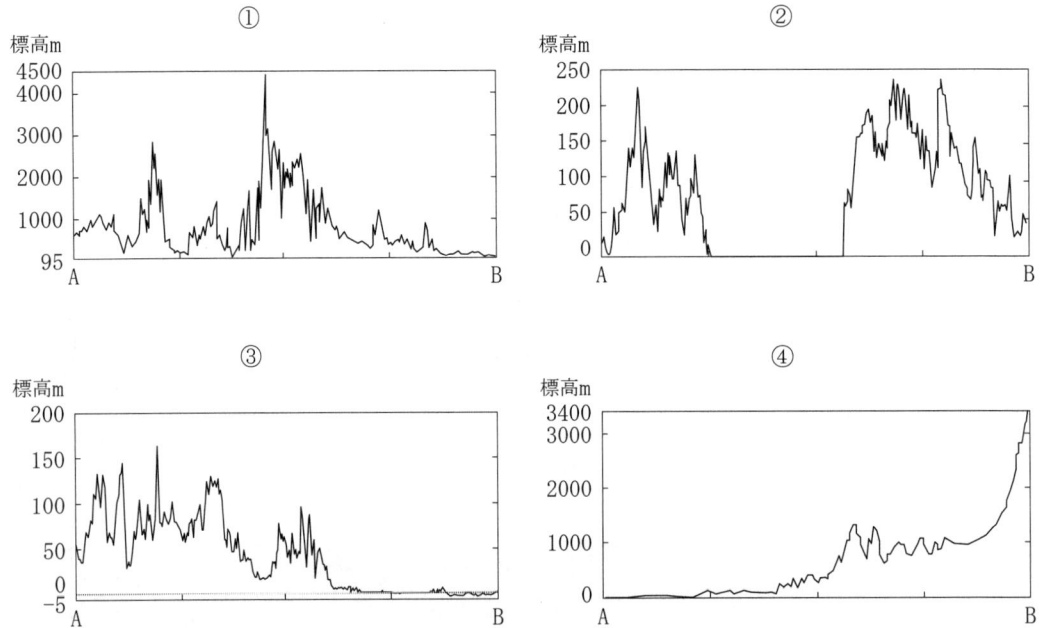

問19 「人間が社会契約によって失うもの，それは彼の自然的自由と，彼の欲望を誘い，しか
も彼が手に入れることのできるすべてのものに対する無制限の自由とである。これに対し
て彼がかち得るもの，それは社会的自由と，彼が持っているものに関する所有権とである」
という思想を著書の『社会契約論』で述べた人物として最も適当なものを，次の①～④の
中から一つ選びなさい。 **25**

① ロック（John Locke）

② ルソー（Jean-Jacques Rousseau）

③ モンテスキュー

④ ホッブズ（Thomas Hobbes）

問20 日本の国会に関する記述として最も適当なものを，次の①～④の中から一つ選びなさい。
26

① 内閣不信任決議権は衆議院のみにある。

② 内閣総理大臣は，衆議院のみが指名する。

③ 参議院は，国務大臣を罷免することができる。

④ 裁判官に対する弾劾裁判所は衆議院のみが設置する。

問21 罪刑法定主義に関する記述として最も適当なものを，次の①～④の中から一つ選びなさい。
27

① 刑事事件の判決が確定された場合には，再度審理をすることは許さない。

② 裁判所の発する令状によらなければ，逮捕などの強制処分は実行できない。

③ 被告人は，終始沈黙し，または個別な質問に対し，供述を拒否することができる。

④ あらかじめ犯罪とされる行為とそれに対する刑罰が明文化されなければならない。

問22　日本の裁判所と裁判制度に関する記述として最も適当なものを，次の①〜④の中から一つ選びなさい。　**28**

①　心身の故障のために職務を執ることができないと決定された場合，裁判官は罷免される。

②　下級裁判所裁判官は地方議会の指名に基づき，地方自治体の首長が任命する。

③　憲法裁判所は，一切の法律の合憲性を決定する権限を有する終審裁判所である。

④　国会からの干渉を避けるため，裁判所は独自に最高裁判所長官を指名することができる。

問23　日本の選挙制度に関する次の文章を読み，文章中の空欄　a　，　b　に当てはまる語の組み合わせとして最も適当なものを，下の①〜④の中から一つ選びなさい。

日本の衆議院では，選挙制度として　a　が採用されている。これは政権与党が自らの有利なように選挙区を設定する　b　を防止し，死票が多くなるといった欠点を補完するためである。

29

	a	b
①	小選挙区比例代表並立制	ゲリマンダー
②	選挙区比例代表併用制	プロパガンダ
③	単純小選挙区制	ゲリマンダー
④	中選挙区制	プロパガンダ

問24　日本の行政制度に関する次の文章を読み，文章中の空欄 $\boxed{\text{a}}$ ， $\boxed{\text{b}}$ に当てはまる語の組み合わせとして最も適当なものを，下の①～④の中から一つ選びなさい。　**30**

日本の地方自治体には，行政機関を外部から監視するスウェーデン（Sweden）で生まれた $\boxed{\text{a}}$ のような組織や，市民が公職者の解職を請求できる $\boxed{\text{b}}$ という制度が存在する。

	a	b
①	公聴会	リコール
②	公聴会	レファレンダム
③	オンブズマン	リコール
④	オンブズマン	レファレンダム

問25　日本の労働環境に関する記述として最も適当なものを，次の①～④の中から一つ選びなさい。　**31**

① 労働組合を結成することは，争議権によって保障されている。

② 労働三権は，大日本帝国憲法で初めて明記された。

③ ストライキをおこなうことは，団体行動権によって保障されている。

④ 労働者の団体は，使用者に対し賃金などの労働条件に関する交渉をおこなう権利を有さない。

問26　国際連合の総会の説明として正しいものを，次の①～④の中から一つ選びなさい。　**32**

① 総会では「平和のための結集」が，毎年必ず開催される。

② 総会は国連の加盟国から構成され，すべての加盟国は一国一票の表決権を有する。

③ 総会議決によって決まった結果は，法的拘束力が認められている。

④ 安全保障理事会の常任理事国は，総会の決議に対して拒否権を有する。

問27　官僚制の合理性を指摘した人物として最も適当なものを，次の①～④の中から一つ選び
なさい。　　　　　　　　　　　　　　　　　　　　　　　　　　　　　　　　　　　**33**

① マックス・ウェーバー（Max Weber）

② ヘーゲル（Georg Wilhelm Friedrich Hegel）

③ エドマンド・バーク（Edmund Burke）

④ イマヌエル・カント（Immanuel Kant）

問28　17世紀から18世紀に展開されたイギリスの三角貿易に関する記述として最も適当なもの
を，次の①～④の中から一つ選びなさい。　　　　　　　　　　　　　　　　　　　　**34**

① イギリスは西インド諸島（West Indies）から砂糖を，アフリカ（Africa）大陸から
タバコや綿花を輸入した。

② イギリスによって，アフリカから西インド諸島・アメリカ大陸に向けて黒人奴隷が運
ばれた。

③ 日本から多くの銀がインド（India）へ流出し，明治維新のきっかけとなった。

④ イギリスはインドに綿製品を輸出する代わりに多くの茶を輸入した。

問29　18世紀後半から19世紀前半のフランスに関する出来事A～Dを年代順に並べたものとし
て正しいものを，次の①～④の中から一つ選びなさい。　　　　　　　　　　　　　　**35**

A：バスティーユ襲撃

B：ルイ16世の処刑

C：ナポレオン（Napoleon）の大陸封鎖令（Berlin Decree）

D：ブリュメール18日クーデター

① B→A→C→D

② A→D→C→B

③ B→C→D→A

④ A→B→D→C

問30　日露戦争に関する次の文章を読み，文章中の空欄 a ， b に当てはまる語の組み合わせとして最も適当なものを，下の①〜④の中から一つ選びなさい。　　　　**36**

20世紀初頭に起きた日露戦争では，戦前の予想に反して日本が勝利する結果となった。これにはさまざまな要因があるが，ロシアで第一次ロシア革命が勃発し，国内が混乱していたこと，日本が a と同盟を結んでいたことにより，ロシアに圧力がかかったことが挙げられる。 b で締結された講和条約によって，日本はロシアから旅順や大連の租借権を継承し，中国北部への進出を強めていった。

	a	b
①	フランス	ポーツマス
②	フランス	下関
③	イギリス	ポーツマス
④	イギリス	下関

問31　第二次世界大戦に関する記述として最も適当なものを，次の①〜④の中から一つ選びなさい。　　　　**37**

①　アメリカのマッカーサーが指揮をとり，ノルマンディー上陸作戦を成功させた。

②　ド・ゴールはジュネーブ (Geneva) へ亡命し，フランス国内のレジスタンスを呼びかけた。

③　ヒトラーは独ソ不可侵条約を破棄し，ソ連 (USSR) に侵攻したことによって独ソ戦が始まった。

④　スターリンはドイツ (Germany) と密約を結び，チェコスロバキアに侵攻してその東半分を合併した。

問32　1950年代に起こった出来事に関する記述として**適当でないもの**を，次の①〜④の中から一つ選びなさい。　　　**38**

①　ハンガリーでは，ナジは国民の支持を受け，多党制の導入などの改革を推進しようとした。

②　フルシチョフ（Nikita Khrushchev）は，ソ連とアメリカの平和共存を図ろうとして，スターリン批判をおこなった。

③　アメリカでは，マッカーシズムという共産主義者に対する取り締まり運動がおこなわれた。

④　ソ連および東欧諸国に対抗するため，西側諸国が北大西洋条約機構（NATO）を結成した。

総合科目の問題はこれで終わりです。解答欄の **39** 〜 **60** はマークしないでください。

この問題冊子を持ち帰ることはできません。

第**3**回

実戦問題

解答時間 **80**分

正解と得点分布図確認

QRコードを読み取っ
てオンライン解答用
紙に解答を記入し、正
解と得点分布を確認
してください。

問1　次の文章を読み，下の問い⑴〜⑷に答えなさい。

　　ニュージーランド (New Zealand) は環太平洋造山帯に属するニュージーランド列島からなり，
₁海峡を挟んで向き合う北島と南島が国の中心となっている。歴史的にはイギリス (UK) の旧植
民地であったことからその影響が強く，₂政治体制もイギリスと同じ体制であり，議会は一院
制となっている。ニュージーランドは国民の政治参加が早くから進んでおり，1893年には世界
で初めて国政選挙での ▢a▢ が認められた国でもある。

　　産業としては，国土と地形を活かした酪農や畜産が盛んで，ニュージーランドの輸出額のお
よそ3割を占めている。また₃観光業も盛んで年間380万人以上 (2018年) の観光客がニュージー
ランドを訪れている。

⑴　下線部1に関して，この海峡の名称として正しいものを，次の①〜④の中から一つ選び
　　なさい。　　　　　　　　　　　　　　　　　　　　　　　　　　　　　　　　　　　**1**

　　①　ドレーク海峡 (Drake Passage)

　　②　トレス海峡 (Torres Strait)

　　③　バス海峡 (Bass Strait)

　　④　クック海峡 (Cook Strait)

⑵　下線部2に関して，この政治体制として正しいものを，次の①〜④の中から一つ選びな
　　さい。　　　　　　　　　　　　　　　　　　　　　　　　　　　　　　　　　　　　**2**

　　①　議会統治制

　　②　立憲君主制

　　③　大統領制

　　④　半大統領制

(3)　文中の空欄　a　に当てはまる語として最も適当なものを，次の①～④の中から一つ選びなさい。　　　　　　　　　　　　　　　　　　　　　　　　**3**

① 下院優越の原則

② 首相公選制

③ 義務投票制

④ 女性参政権

(4)　下線部 **3** に関して，次の表はニュージーランドの2018年の国別観光客数を表したものである。表中のA～Dに当てはまる国の組み合わせとして最も適当なものを，下の①～④の中から一つ選びなさい。　　　　　　　　　　　　　　　　　　**4**

	国名	訪問者数（人）
第1位	A	1,494,541
第2位	B	448,189
第3位	アメリカ	352,074
第4位	C	237,166
第5位	D	102,087

ニュージーランド統計局ホームページより作成

	A	B	C	D
①	オーストラリア	中国	イギリス	ドイツ
②	オーストラリア	イギリス	中国	ドイツ
③	イギリス	ドイツ	オーストラリア	中国
④	イギリス	オーストラリア	ドイツ	中国

注) アメリカ (USA), オーストラリア (Australia), ドイツ (Germany), 中国 (China)

問2　次の先生と生徒の会話を読み，下の問い(1)〜(4)に答えなさい。

先生：南米にデビルズ島（Devil's Island）と呼ばれる島があるのを知っているかい。

生徒：そんな怖い名前の島，初めて聞きました。どこにあるんですか？

先生：フランス（France）領ギアナ（Guiana）にあるんだよ。

生徒：南米なのに₁フランスの領土なんですか？

先生：そう，フランスは17世紀から徐々にギアナの植民地化を進め，₂1852年にはデビルズ島に犯罪者を収容するための監獄を作ったんだ。

生徒：それでそんな怖い名前の島なんですね。

先生：その通り。ちなみにフランスの海外県の扱いだから通貨は₃ユーロが使えるし，ギアナから₄フランス国民議会に議員も送っているんだ。

生徒：世界にはいろいろな島があるのですね。勉強になりました。

⑴　下線部 **1** に関して，フランスの首都であるパリ（Paris）の位置として正しいものを，次の地図中の①〜④の中から一つ選びなさい。　**5**

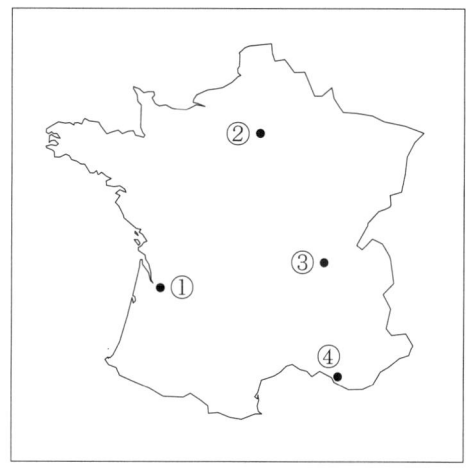

(2)　下線部 **2** に関して，1850年代に起きたフランスに関する出来事として最も適当なものを，次の①〜④の中から一つ選びなさい。　**6**

①　七月革命

②　ワーテルローの戦い

③　フランス第二帝政の開始

④　フランス人権宣言の採択

(3)　下線部 **3** に関して，現在ユーロが<u>導入されていない国</u>として最も適当なものを，次の①〜④の中から一つ選びなさい。　**7**

①　ギリシャ (Greece)

②　デンマーク (Denmark)

③　フィンランド (Finland)

④　ポルトガル (Portugal)

(4)　下線部 **4** に関して，フランスの政治体制に関する記述として最も適当なものを，次の①〜④の中から一つ選びなさい。　**8**

①　議会を通さずに，大統領は憲法改正案を直接国民投票にかけることができる。

②　大統領は県ごとに選出される選挙人を通じた間接選挙によって選ばれる。

③　上院に相当する元老院が優越し，下院に相当する国民議会の解散権を持つ。

④　大統領と首相が並立しているが，大統領は実質的な権力を持たず，行政権も有していない。

問3　アダム・スミス(Adam Smith)が『国富論』(An Inquiry into the Nature and Causes of the Wealth of Nations)の中で主張した内容として最も適当なものを，次の①〜④の中から一つ選びなさい。　　　　9

① 幼稚産業を国家が保護することによって，国家全体の経済発展が促進されると主張した。

② 国家が積極的に雇用や福祉政策を展開することで，安定した経済発展が可能になると主張した。

③ 貿易による国家経済の発展を主眼におき，高関税政策の必要性を主張した。

④ 自由な市場競争によって，自動的に均衡価格が決まると主張した。

問4　物価の下落による企業収益・生産の縮小が，さらなる物価の下落を招いている状態を表す語として最も適当なものを，次の①〜④の中から一つ選びなさい。　　　　10

① デフレスパイラル (deflationary spiral)

② スタグフレーション (stagflation)

③ ディマンド・プル・インフレ (demand-pull inflation)

④ ハイパー・インフレーション (hyperinflation)

問5　日本の企業に関する記述として最も適当なものを，次の①〜④の中から一つ選びなさい。　　　　11

① 合同会社は，有限責任社員と無限責任社員がそれぞれ最低1人ずついる会社のことを指す。

② 合名会社・合資会社の社員は全員出資額に関わらず，無限に責任を負う必要がある。

③ 利潤の追求だけでなく，社会環境の領域でも貢献する方針は，企業の社会的責任 (CSR) と呼ばれる。

④ 株式会社は高額面の株式を多く発行することによって，小口投資家から多額の資金を集めることができる。

問6 為替相場の変化が日本の経済に与える影響として最も適当なものを，次の①～④の中から一つ選びなさい。 ⬚12

① 円高が進行すると，輸出が促進される。

② 外貨建ての金融資産は円高になった場合，為替差益で利益を得ることができる。

③ 円安になった場合，原材料を輸入に頼る企業のコストが増加する。

④ 円高になった場合，訪日外国人観光客が増加する。

問7 価格弾力性に関する記述として**適当でないもの**を，次の①～④の中から一つ選びなさい。 ⬚13

① 短時間で大量生産が可能な商品は，供給の価格弾力性が大きい。

② 火葬サービスは，需要の価格弾力性が大きい。

③ 食料品などの生活必需品は，需要の価格弾力性が小さい。

④ 農作物は，供給の価格弾力性が小さい。

問8 日本における独占・寡占に関する記述として最も適当なものを，次の①～④の中から一つ選びなさい。 ⬚14

① 明治時代から企業の独占が厳しく制限されており，財閥が存在したことはない。

② 持株会社は解禁されているが，その上場は禁止されている。

③ 公正取引委員会が企業の不当な独占や取引制限を監視している。

④ 企業同士の合併は自由におこなうことが認められている。

問9　1990年代の日本の金融に関する記述として最も適当なものを，次の①〜④の中から一つ選びなさい。　**15**

① BIS規制に従って，海外に営業拠点を持つ銀行に対して1%以上の自己資本比率が義務付けられた。

② りそな銀行が経営破綻した際に，日本で初めて預金者に対するペイオフが発動された。

③ 銀行の貸出を促進するため，護送船団方式と呼ばれる改革が始まった。

④ 「フェア」・「フリー」・「グローバル」の理念を掲げる日本版金融ビッグバンが始まった。

問10　次の文章を読み，文章中の空欄　a　，　b　に当てはまる語の組み合わせとして最も適当なものを，下の①〜④の中から一つ選びなさい。　**16**

財政は資源配分・　a　・経済の安定化の3つの役割を果たしている。一方，金融政策の具体例として，好況時はインフレーション（inflation）を防ぐために，　b　をおこない，不況時には逆の政策を実施することが挙げられる。

	a	b
①	社会福祉	金融緩和
②	社会福祉	金融引き締め
③	所得の再分配	金融緩和
④	所得の再分配	金融引き締め

問11　次の表はA国とB国のワインと毛織物1単位に必要な労働力を表したものである。A国とB国の労働者の数は同じ3600人であり，労働力はすべてワインと毛織物の生産に使われるとする。その際に貿易をおこなわず，各国がそれぞれ半数ずつ労働者をワインと毛織物に割り当てた場合と，比較生産費説に基づいて優位な財に特化した場合の財の総生産量の差として最も適当なものを，下の①〜④の中から一つ選びなさい。　**17**

	A国	B国
ワイン	60人	120人
毛織物	90人	100人

①　12単位

②　13単位

③　15単位

④　20単位

問12　次の表は日本におけるぶどう，もも，西洋梨の出荷量の上位5都道府県（2017年）を表したものである。表中のAに当てはまる都道府県として最も適当なものを，下の地図中の①〜④の中から一つ選びなさい。　**18**

	ぶどう	もも	西洋梨
第1位	山梨県	山梨県	山形県
第2位	A	福島県	新潟県
第3位	岡山県	A	青森県
第4位	山形県	和歌山県	A
第5位	福岡県	山形県	福島県

『日本国勢図会　2018/19年版』，農林水産省ウェブサイトより作成

問13　日本の河川に関する記述として正しいものを，次の①〜④の中から一つ選びなさい。

19

    ①　世界の河川と比べ，短くて流れが穏やかである。

    ②　世界の河川と比べ，短くて流れが急である。

    ③　日本で最も長い河川は，淀川である。

    ④　日本で最も大きな湖である琵琶湖に注入する河川はない。

問14　東京を12月2日の18時に出発した飛行機が，12時間飛行して現地時間の12月2日13時にある都市に到着した。この都市として最も適当なものを，次の①〜④の中から一つ選びなさい。

20

    ①　サンフランシスコ (San Francisco)

    ②　ロンドン (London)

    ③　キト (Quito)

    ④　ニューヨーク (New York)

問15　次のグラフは1990年〜2017年までのアメリカ，ドイツ，中国 (China)，ケニア (Kenya) の合計特殊出生率の推移を示したものである。グラフ中のA〜Dに当てはまる国名の組み合わせとして最も適当なものを，下の①〜④の中から一つ選びなさい。　**21**

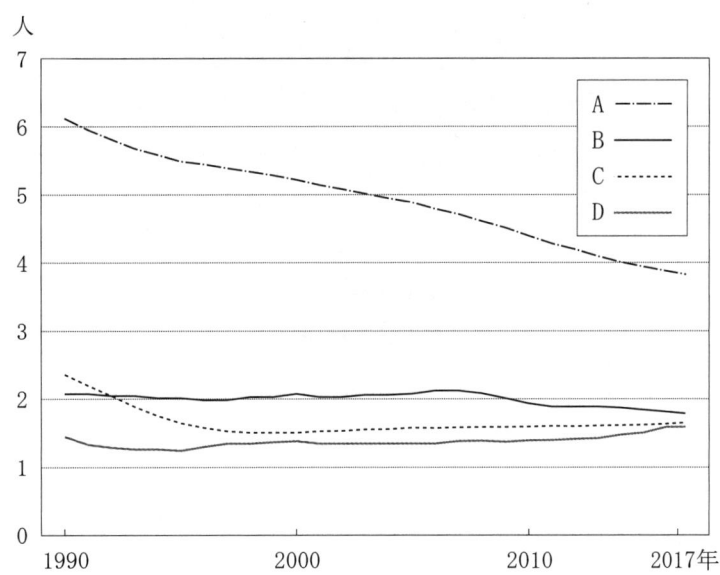

	A	B	C	D
①	中国	ケニア	アメリカ	ドイツ
②	ケニア	ドイツ	中国	アメリカ
③	中国	ケニア	ドイツ	アメリカ
④	ケニア	アメリカ	中国	ドイツ

問16　次の地図が作成された投影法として最も適当なものを，下の①～④の中から一つ選びなさい。　　　　　　　　　　　　　　　 22

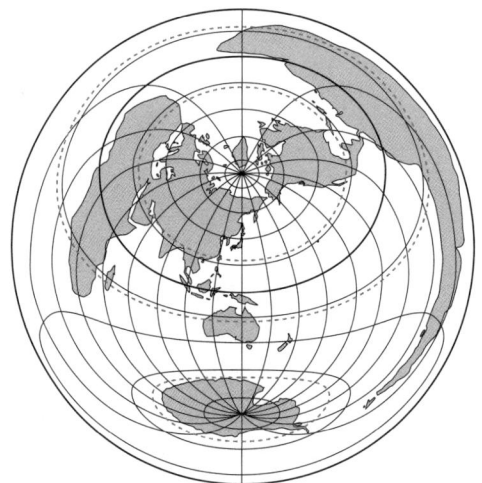

①　メルカトル図法

②　モルワイデ図法

③　正距方位図法

④　サンソン図法

問17　地形に関する次の文章を読み，文章中の空欄 a ， b に当てはまる語の組み合わせとして最も適当なものを，下の①～④の中から一つ選びなさい。　　　 23

　河口付近で見られる地形で，枝分かれした2本以上の河川（分流）と海で囲まれた地形のことを a と呼び，ナイル川(Nile)やメコン川(Mekong)など大きな川の河口に見られる。また河口が沈水してできたラッパ状の入り江を b と呼ぶ。

	a	b
①	扇状地	リアス海岸
②	扇状地	エスチュアリー
③	三角州	リアス海岸
④	三角州	エスチュアリー

問18　次のハイサーグラフが示す気候が存在する地域として最も適当なものを，下の地図中の
①〜④の中から一つ選びなさい。　24

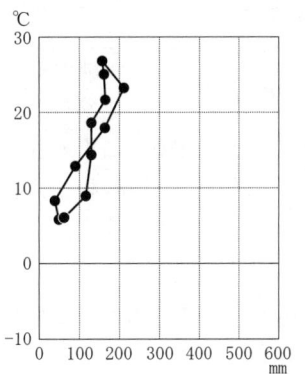

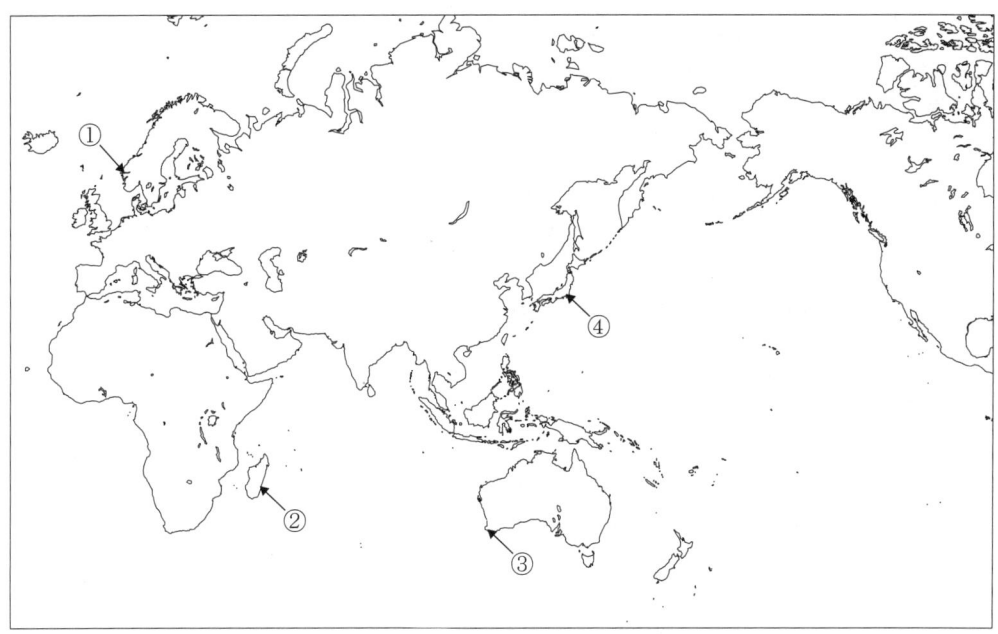

問19　環境問題に関する条約の名称とその内容の組み合わせとして最も適当なものを，次の①〜④の中から一つ選びなさい。　**25**

	名称	内容
①	ラムサール条約	フロンガスの排出量の規制
②	京都議定書	水鳥の生息地である湿地の保護
③	モントリオール議定書	地球温暖化に関する原因物質の排出削減
④	ワシントン条約	絶滅の恐れのある動植物の国際取引に関する規制

問20　日本国憲法では検閲が禁止されている理由として最も適当なものを，次の①〜④の中から一つ選びなさい。　**26**

① プライバシーを保護するため

② 国家機密を保護するため

③ 表現の自由を保障するため

④ 平和主義を保障するため

問21　日本の国家機関に関する記述として最も適当なものを，次の①〜④の中から一つ選びなさい。　**27**

① 衆議院は内閣総理大臣の指名等において，参議院より優越する。

② 内閣は，天皇による助言と承認を経て運営されている。

③ 国務大臣の全員は，国会議員でなければならない。

④ 最高裁判所長官は，衆議院選挙の際に国民投票によって選出される。

問22　世界各国の政党制度に関する記述として最も適当なものを，次の①〜④の中から一つ選びなさい。　**28**

① アメリカは民主党と自由党の二大政党制であり，党議拘束はないに等しい。

② イギリスの庶民院は伝統的に多党制で運営されてきた。

③ 日本は自民党と共産党の勢力が拮抗した二大政党制であった。

④ サウジアラビアでは，実質的な行政権は国王にあり，政党は存在しない。

問23　選挙制度に関する記述として最も適当なものを，次の①〜④の中から一つ選びなさい。　**29**

① 比例代表制では，小さな政党でも当選できるが，政治が不安定になりやすい。

② 小選挙区制では，政権を選びやすいが，二大政党制に向かない。

③ 大選挙区制では，死票がないが，同士討ちと共倒れの可能性がある。

④ 中選挙区制では，死票がないが，連立政権ができにくい。

問24　次の表は定数6人の比例代表選挙での各党の得票数である。ドント方式（d'Hondt system）で各政党に議席を配分した際のB党の獲得議席数として正しいものを，下の①〜④の中から一つ選びなさい。　**30**

	A党	B党	C党	D党
得票数	3,000	2,100	800	100

① 1議席

② 2議席

③ 3議席

④ 4議席

問25　人権に関する記述として最も適当なものを，次の①〜④の中から一つ選びなさい。

31

①　ヴァージニア権利章典 (Virginia Bill of Rights) は，世界で初めて社会権を明記した文章である。

②　アメリカ独立宣言 (Declaration of Independence) では奴隷やインディアンを含む，すべての人間に人権が認められた。

③　日本は1985年に，女子差別撤廃条約に批准し，男女雇用機会均等法を制定した。

④　日本で近年提唱されている「新しい人権」として「請求権」がある。

問26　フランスの三部会 (Estates General) に関する次の文章を読み，文章中の空欄 a ，b に当てはまる語の組み合わせとして最も適当なものを，下の①〜④の中から一つ選びなさい。

32

　フランスの三部会は14世紀に始まった a を第一身分，貴族を第二身分，都市の商人，農民などを第三身分の非特権階級とする身分制議会であり，百年戦争後は長きにわたり開催されなかった。その後，b が財政難を理由に1789年に170数年ぶりの三部会を招集したが，ここで議決権を巡って論争となり，第三身分の人々が独自の国民議会を発足させ，フランス革命につながることになった。

	a	b
①	王族	ルイ16世
②	王族	ルイ18世
③	聖職者	ルイ16世
④	聖職者	ルイ18世

問27　ノーベル平和賞は，アルフレッド・ノーベルの遺言によって創設されたものである。ノーベル平和賞を<u>受賞したことがない</u>人物として最も適当なものを，次の①〜④の中から一つ選びなさい。　　　　　　　　　　　　　　　　　　　　　　　　　　　　　**33**

① マハトマ・ガンディー (Mohandas Karamchand Gandhi)

② セオドア・ローズベルト (Theodore Roosevelt)

③ ゴルバチョフ (Mikhail Gorbachev)

④ ネルソン・マンデラ (Nelson Mandela)

問28　米西戦争に関する次の文章を読み，文章中の空欄 a ， b に当てはまる語の組み合わせとして最も適当なものを，下の①〜④の中から一つ選びなさい。　　　　　　**34**

　1898年に起きた米西戦争は a 島を巡って起きたアメリカとスペイン (Spain) の戦争であり，アメリカが勝利した。この結果，アメリカはスペインから b などの植民地を獲得し，アメリカが海外に植民地を持つ強国となった。

	a	b
①	プエルトリコ	フィリピン
②	プエルトリコ	ハワイ
③	キューバ	フィリピン
④	キューバ	ハワイ

注) プエルトリコ (Puerto Rico)，キューバ (Cuba)，フィリピン (Philippines)，メキシコ (Mexico)，ハワイ (Hawaii)

問29 19世紀後半のアフリカ (Africa) 植民地政策に関する記述として最も適当なものを，次の①〜④の中から一つ選びなさい。　　　　　　　　　　　　　　35

① フランスは，アフリカ大陸北西部を中心に植民地を増やすことに成功した。

② ドイツはアフリカ植民地化の動きに乗り遅れ，アフリカ大陸に植民地を持つことができなかった。

③ ベルギー (Belgium) はアフリカ中部に進出し，アルジェリア (Algeria) やマダガスカル (Madagascar) を植民地にした。

④ 横断政策をとるイギリスと縦断政策をとるフランスとの間でファショダ (Fashoda) 事件が発生した。

問30 第二次世界大戦に関する記述として最も適当なものを，次の①〜④の中から一つ選びなさい。　　　　　　　　　　　　　　36

① 第二次世界大戦の発端はドイツ軍がポーランド (Poland) に侵攻したことである。

② ドイツ領東プロイセンに進撃したソ連 (USSR) 軍が，タンネンベルク (Tannenberg) でドイツ軍に敗れた。

③ 数々の近代兵器が登場したが，地上戦が主であり，航空機は有効に活用されなかった。

④ ヤルタ会談 (Yalta Conference) にはアメリカ・ソ連・中国の指導者が出席した。

問31　第二次世界大戦後の東南アジアに関する記述として最も適当なものを，次の①〜④の中から一つ選びなさい。　**37**

① イギリスの植民地であったタイ（Thailand）は第二次世界大戦後に，独立戦争の末，独立を勝ち取った。

② インドネシア（Indonesia）では建国の父と呼ばれるケマル（Mustafa Kemal Atatürk）による開発独裁が1990年代後半まで続いた。

③ 第二次世界大戦後すぐに独立した東ティモール（East Timor）は，民主政を敷いたネルー大統領のもと，目覚ましい経済発展を遂げた。

④ ベトナム戦争（Vietnam War）を戦い抜いたベトナム（Vietnam）では1976年にベトナム社会主義共和国が成立した。

問32　冷戦期間中に起こった次の出来事A〜Dを年代順に並べ替えたものとして正しいものを，下の①〜④の中から一つ選びなさい。　**38**

A：日米構造協議の開始

B：日韓基本条約の調印

C：ソ連によるアフガニスタン（Afghanistan）侵攻

D：アジア・アフリカ会議（Asian-African Conference）の開催

① A→B→D→C

② D→B→C→A

③ A→D→C→B

④ D→A→B→C

総合科目の問題はこれで終わりです。解答欄の **39** ～ **60** はマークしないでください。

この問題冊子を持ち帰ることはできません。

実戦問題

解答時間 **80**分

問1 次の文章を読み，下の問い(1)〜(4)に答えなさい。

エストニア (Estonia)，₁ラトビア (Latvia)，リトアニア (Lithuania) の3カ国はフィンランド (Finland) の南に並び，総称としてバルト三国と呼ばれることが多い。この3カ国はいずれも1990年にソ連 (USSR) から独立し₂ソ連解体の契機となった他，₃一院制を採用していること，北大西洋条約機構 (NATO)・欧州連合 (EU) および経済協力開発機構 (OECD) に加盟していることからバルト三国として一つにくくられがちである。しかし，エストニアがフィン人 (Finn) 系の民族，ラトビア・リトアニアがバルト系 (Balt) の民族であり，リトアニアはポーランド (Poland) との結びつきが強いなど，それぞれに独自の文化や₄言語を持っている。

(1) 下線部**1**に関して，ラトビアの位置として正しいものを，次の地図中の①〜④の中から一つ選びなさい。

| **1** |

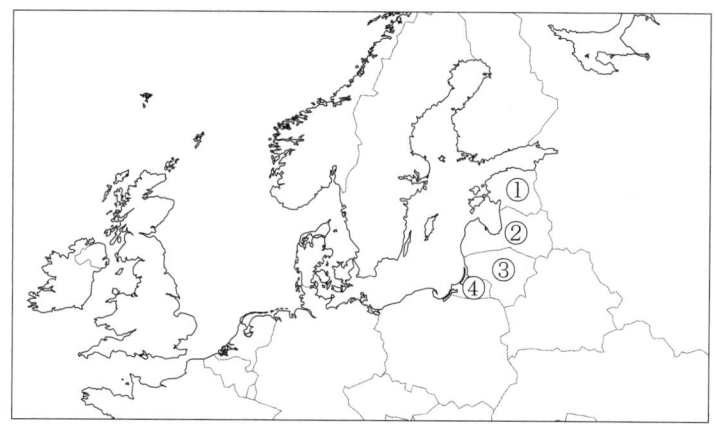

⑵　下線部 **2** に関して，1980年代から1990年代にかけてのソ連解体に関する記述として最も適当なものを，次の①〜④の中から一つ選びなさい。　　　　　2

①　ブレジネフはロシア連邦初代大統領として，資本主義への転換を図った。

②　エリツィンはペレストロイカを進めることで，ソ連の解体を防ごうとした。

③　コソボはソ連解体に伴い，独立を宣言した。

④　ゴルバチョフは「新思考外交」を掲げ，制限主権論を放棄した。

注）ブレジネフ (Brezhnev)，ロシア (Russia)，エリツィン (Boris Yeltsin)，ペレストロイカ (perestroika)，コソボ (Kosovo)，ゴルバチョフ (Mikhail Gorbachev)

⑶　下線部 **3** に関して，一院制を採用している国として最も適当なものを，次の①〜④の中から一つ選びなさい。　　　　　3

①　フランス (France)

②　ドイツ (Germany)

③　スウェーデン (Sweden)

④　スペイン (Spain)

⑷　下線部 **4** に関して，世界の主な言語とその言語を公用語とする国・地域の組み合わせとして<u>適当でないもの</u>を，次の①〜④の中から一つ選びなさい。　　　　　4

①　ポルトガル語 (Portuguese) ― ブラジル (Brazil)

②　スペイン語 (Spanish) ― チリ (Chile)

③　英語 (English) ― キューバ (Cuba)

④　ドイツ語 (German) ― オーストリア (Austria)

問2　次の文章を読み，下の問い(1)〜(4)に答えなさい。

　ノーベル賞はダイナマイトを発明した₁アルフレッド・ノーベル(Alfred Nobel)の遺言に従い，「過去1年間に人類に対して最大の貢献をした者」に与えられる。当初，物理学，化学，医学・生理学，文学，および平和の5分野が存在したが，1968年に経済学賞がノーベルの出身地の₂国立銀行によって創設された。第一回平和賞受賞者の一人はスイスのアンリ=デュナン(Jean Henri Dunant)であり，₃ある国際団体の創設を提唱したことが評価された。また平和賞は政治色が強いため論争を巻き起こす傾向にあり，₄日本の首相が1974年に受賞した際も，後年議論を呼ぶこととなった。

(1)　下線部₁に関して，ノーベルの出身国に関する記述として最も適当なものを，次の①〜④の中から一つ選びなさい。　　　　　　　　　　　　　　　　　　　　　　　│5│

　①　オンブズマン制度の発祥地であり，立憲君主制を採用している。

　②　東南アジアに多くの植民地を領有し，1830年代まではベルギー(Belgium)も領有していた。

　③　1990年代に民主化が実現され，東ティモール(East Timor)の独立を認めた。

　④　鉄鉱石資源が豊富に存在し，コーヒーの栽培も盛んである。

(2)　下線部₂に関して，この国立銀行はその国の中央銀行の役割を果たしている。中央銀行に関する記述として最も適当なものを，次の①〜④の中から一つ選びなさい。　│6│

　①　中央銀行は不況時には一般市民への資金の貸付を実施する。

　②　中央銀行は地方自治体の資金の管理をおこなう。

　③　中央銀行は不況時には市中銀行から国債の買い入れを実施する。

　④　中央銀行は好況時には公定歩合と呼ばれる利子率を引き下げる。

⑶　下線部 **3** に関して，アンリ=デュナンが設立を提唱した国際団体として最も適当なものを，次の①〜④の中から一つ選びなさい。　　　　　　　　　　　　　**7**

① 国際オリンピック委員会

② 国際赤十字

③ 国境なき医師団

④ 世界保健機関

⑷　下線部 **4** に関して，ノーベル平和賞を受賞した日本の首相として最も適当なものを，次の①〜④の中から一つ選びなさい。　　　　　　　　　　　　　　　　　**8**

① 小泉純一郎

② 佐藤栄作

③ 橋本龍太郎

④ 田中角栄

問3　次の文章を読み，文章中の空欄 $\boxed{A}$ 〜 $\boxed{C}$ に当てはまる語の組み合わせとして最も適当なものを，下の①〜④の中から一つ選びなさい。$\boxed{9}$

次のグラフは，賃金と雇用量に関する需要曲線（D_1，D_2，D_3）と供給曲線（S_1，S_2）を示しているものである。当初，賃金と雇用量の均衡点が f にあったとする。需要曲線が賃金に対して完全に非弾力的な場合，供給曲線の S_2 から S_1 への移動によって，均衡点 f は $\boxed{A}$ へ移動し，賃金は $\boxed{B}$ に，雇用量は $\boxed{C}$ になる。

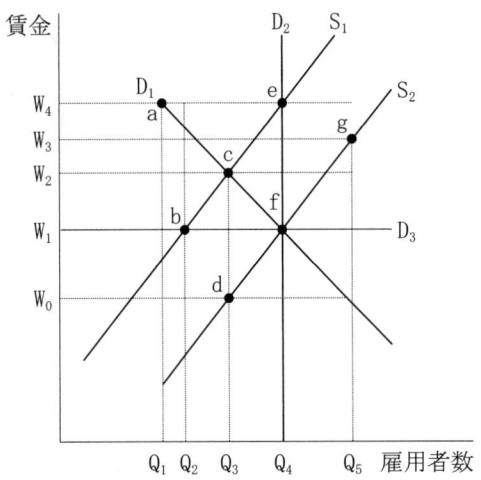

	A	B	C
①	b	W_1	Q_2
②	b	W_2	Q_3
③	c	W_2	Q_3
④	e	W_4	Q_4

問4　寡占に関する記述として最も適当なものを，次の①〜④の中から一つ選びなさい。

10

① 　寡占市場では価格が上方硬直性を持ちやすい。

② 　航空機製造など巨大な装置を必要とする産業は寡占状態になりにくい。

③ 　市場が寡占状態になる場合，政府が規制緩和などにより新規参入を促すことがある。

④ 　寡占市場では資源の効率的な配分がおこなわれやすくなる。

問5　経済学者とその著作の組み合わせとして最も適当なものを，次の①〜④の中から一つ選びなさい。

11

	経済学者	著作
①	マルクス	『自由論』
②	シュンペーター	『資本論』
③	リカード	『国富論』
④	J. S. ミル	『功利主義論』

注) マルクス(Karl Heinrich Marx)，シュンペーター(Joseph Schumpeter)，リカード(David Ricardo)，J.S. ミル(John Stuart Mill)，『自由論』(On Liberty)，『資本論』(Das Kapital)，『国富論』(An Inquiry into the Nature and Causes of the Wealth of Nations)，『功利主義論』(Utilitarianism)

問6　日本の株式会社に関する記述として最も適当なものを，次の①〜④の中から一つ選びなさい。

12

① 　株式会社は，法人として株を保有することはできない。

② 　取締役の選任は，株主からなる株主総会で決定される。

③ 　株主総会において，株主は一人一票の議決権を行使する。

④ 　会社は利潤が出なくても，株主は必ず配当金を定期的に得られる。

問7　不況時に発生する物価上昇の状態を示す語として最も適当なものを，次の①～④の中から一つ選びなさい。　**13**

① ハイパー・インフレーション（hyperinflation）

② スタグフレーション（stagflation）

③ ギャロッピング・インフレーション（galloping inflation）

④ デフレスパイラル（deflationary spiral）

問8　次の文章を読み，文章中の空欄 a ， b に当てはまる語の組み合わせとして最も適当なものを，下の①～④の中から一つ選びなさい。

　日本では2017年に人口の a ％以上が65歳以上の高齢者となり，超高齢社会に突入した。高齢者の生活を支える日本の社会保障は社会保険・公的扶助・社会福祉・ b の4つの柱に基づいているが，これを若年人口の減少による税収が落ち込む中でいかに維持するかが，喫緊の課題となっている。　**14**

	a	b
①	27	生活保護
②	27	公衆衛生
③	35	生活保護
④	35	公衆衛生

問9　2020年現在の世界人口に関する記述として最も適当なものを，次の①～④の中から一つ選びなさい。　**15**

① 大陸別で合計特殊出生率が最も大きい地域は，アフリカ大陸である。

② 最も人口が多い地域がアジアであり，次に南米大陸である。

③ 国別人口数の上位5ヵ国は，すべて発展途上国である。

④ 世界人口は現時点100億人を超えているが，増加の鈍化が顕著である。

問10　次のグラフは，日本，アメリカ（USA），イギリス（UK），ドイツそれぞれの政府開発援
助（ODA）実績（支出純額ベース）の推移を示したものである。グラフ中のA〜Dに当ては
まる国名の組み合わせとして最も適当なものを，下の①〜④の中から一つ選びなさい。

16

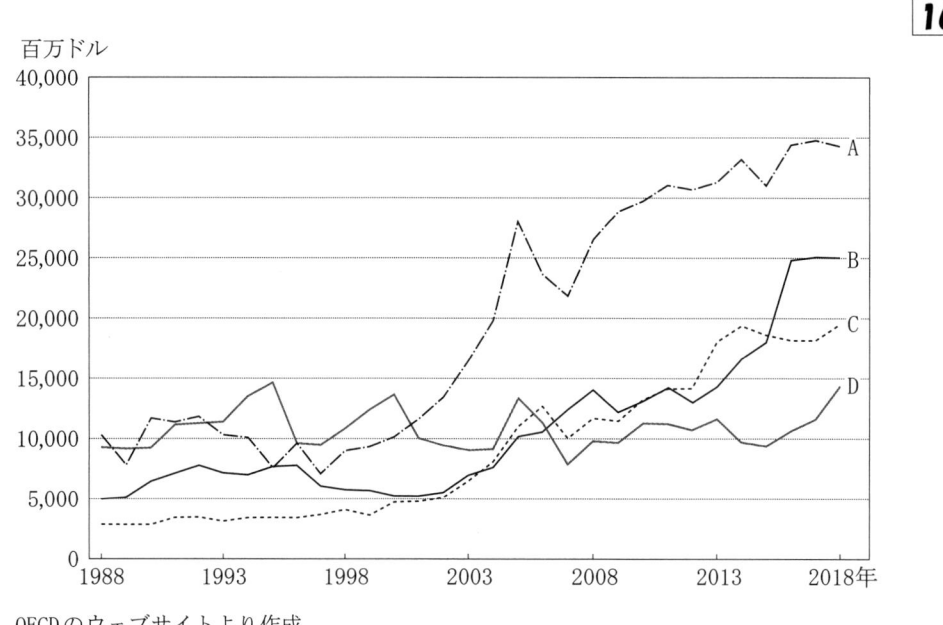

OECDのウェブサイトより作成

	A	B	C	D
①	日本	アメリカ	ドイツ	イギリス
②	アメリカ	ドイツ	イギリス	日本
③	ドイツ	イギリス	日本	アメリカ
④	イギリス	日本	アメリカ	ドイツ

問11 次の表はある国の国際収支を示したものである。この国の経常収支として正しいものを，下の①～④の中から一つ選びなさい。　**17**

項目	金額
財の輸出	30
財の輸入	50
サービス収支	−8
第一次所得収支	20
第二次所得収支	−10
直接投資収支	4
証券投資収支	12

注）−は赤字を示す。

① 2の赤字

② 18の赤字

③ 20の赤字

④ 82の黒字

問12 次の文章を読み，文章中の空欄 a ， b に当てはまる語の組み合わせとして最も適当なものを，下の①～④の中から一つ選びなさい。　**18**

　各国が生産コストの低い生産物の生産に特化し，国家間で貿易することでお互いの国家の利益が最大化されるという学説を「比較生産費説」と呼び，18世紀に経済学者の a が提唱した。これは国際分業を説明する学説であり，先進国の工業品と発展途上国の一次産品（農産物や鉄鉱石などの原料）との貿易である b もこの理論で説明できる。

	a	b
①	リスト	水平的国際分業
②	リスト	垂直的国際分業
③	リカード	水平的国際分業
④	リカード	垂直的国際分業

注）リスト（Friedrich List）

問13　次の表は日本，アメリカ，カナダ（Canada），ドイツの2016年の貿易の輸出依存度と2017年の自動車輸出額を示したものである。表中のA～Dに当てはまる国名の組み合わせとして最も適当なものを，下の①～④の中から一つ選びなさい。　　**19**

	輸出依存度（％）	自動車輸出額（100万米ドル）
A	38.5	157,403
B	25.5	46,491
C	13.1	93,373
D	7.8	53,489

総務省統計局ホームページより作成

	A	B	C	D
①	ドイツ	カナダ	日本	アメリカ
②	日本	アメリカ	カナダ	ドイツ
③	アメリカ	ドイツ	カナダ	日本
④	アメリカ	ドイツ	日本	カナダ

問14　次の表は，島とその領有国を表したものである。組み合わせとして最も適当なものを，下の①～④の中から一つ選びなさい。　　**20**

	島	領有国
①	ルソン島	インドネシア
②	コルシカ島	イタリア
③	イースター島	ペルー
④	サハリン島	ロシア

注）インドネシア（Indonesia），イタリア（Italy），ペルー（Peru），ロシア（Russia）

問15　植生に関する次の文章を読み，文章中の空欄 a ， b に当てはまる語の組み合わせ
として最も適当なものを，下の①〜④の中から一つ選びなさい。**21**

地中海性気候の地域では夏季に雨が少ないことから a 林が広がる。この地域では，典型
的な作物であるオリーブ以外にも b が多く生産されている。

	a	b
①	硬葉樹	トウモロコシ
②	硬葉樹	オレンジ
③	針葉樹	トウモロコシ
④	針葉樹	オレンジ

問16　パリ (Paris) とローマ (Rome) の気候の共通する特徴に関する記述として最も適当なもの
を，次の①〜④の中から一つ選びなさい。**22**

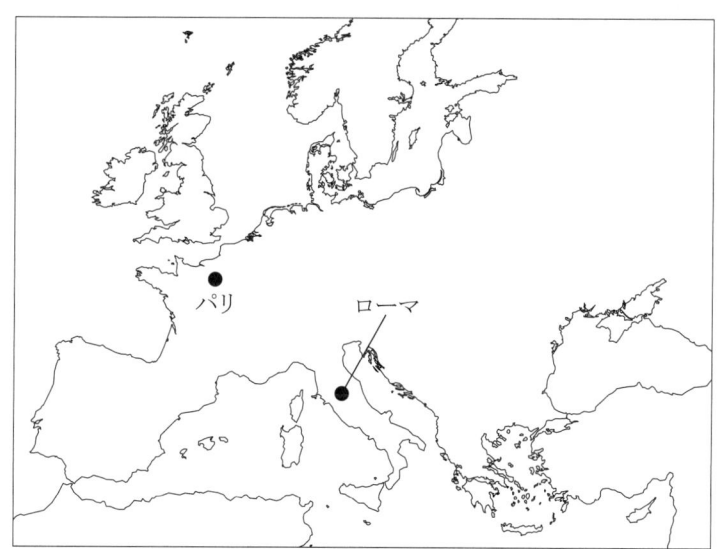

①　冬は雨が降り，湿潤である。

②　夏は高温で，降水量が少ない。

③　季節風の影響を受ける。

④　気温の年較差がほぼない。

問17 バイカル湖（Ozero Baykal）に関する記述として最も適当なものを，次の①〜④の中から一つ選びなさい。　　　　　　　　　　　　　　　　　　　**23**

① ロシアやイランなど沿岸5ヵ国による領有権問題が長く続いた。

② 豊富な水量を生かした水力発電によるアルミニウム工業が盛んである。

③ 旧ソ連時代の灌漑政策などが原因で，面積が急激に縮小した。

④ 氷河の作用によって形成された湖で，冬には大部分が結氷する。

問18 対蹠点とは，地球上のある地点から見て，反対側に位置する場所のことを指す。大阪（北緯35度，東経135度）の対蹠点として最も適当なものを，次の①〜④の中から一つ選びなさい。　　　　　　　　　　　　　　　　　　　　　　　　　　　　　　　**24**

① 北緯35度，西経45度

② 北緯55度，東経135度

③ 南緯35度，東経135度

④ 南緯35度，西経45度

問19　次の表は2018年の日本，アメリカ，フランス，中国の風力発電と原子力発電における，世界の総発電量に占める割合の順位と，世界の総発電量に占める割合を示したものである。表中のA〜Dに当てはまる国名の組み合わせとして最も適当なものを，下の①〜④の中から一つ選びなさい。　**25**

	風力発電		原子力発電	
	順位	割合	順位	割合
A	1	28.8%	3	10.9%
B	2	21.9%	1	31.4%
C	9	2.2%	2	15.3%
D	22	0.5%	12	1.8%

ブリティッシュ・ペトロリアムのデータより作成

	A	B	C	D
①	中国	アメリカ	フランス	日本
②	アメリカ	中国	日本	フランス
③	フランス	中国	日本	アメリカ
④	アメリカ	日本	中国	フランス

問20　ヨーロッパ各国で主に信仰されている宗教，民族の組み合わせとして最も適当なものを，次の①〜④の中から一つ選びなさい。　**26**

	国名	宗教	民族
①	ロシア	ギリシャ正教	ラテン系民族
②	フランス	カトリック	ゲルマン系民族
③	イギリス	プロテスタント	スラヴ系民族
④	スペイン	カトリック	ラテン系民族

問21　オーストラリア（Australia）の政治に関する記述として最も適当なものを，次の①〜④の中から一つ選びなさい。　**27**

① 投票は国民の義務であり，義務投票制を採用する。

② アパルトヘイト（Apartheid）政策をとっており，先住民のマオリ人を弾圧する。

③ 石油危機をきっかけに，タスマニア（Tasmania）を合併した。

④ 国家元首はイギリス国王であるが，大統領が国王の代行である。

問22　日本の国会に関する記述として最も適当なものを，次の①〜④の中から一つ選びなさい。　**28**

① 国会は憲法改正の発議ができるが，発議には両院議員の2分の1以上の賛成が必要である。

② 国会議員は，国務大臣を兼任することはできない。

③ 裁判官を罷免するため，国会は弾劾裁判所を設置することができる。

④ 国会は条約の締結と承認の権限を有している。

問23　日本の人権に関する記述として**適当でないもの**を，次の①〜④の中から一つ選びなさい。　**29**

① すべての国民の生存権が保障されている。

② すべての国民の教育を受ける権利が保障されている。

③ すべての国民の勤労の権利が保障されている。

④ すべての国民の団体行動権が保障されている。

問24　死票が大量に発生しやすい選挙制度として最も適当なものを，次の①〜④の中から一つ
選びなさい。　　　　　　　　　　　　　　　　　　　　　　　　　　　　　**30**

① 小選挙区制

② クォータ制

③ 大選挙区制

④ 比例代表制

問25　国連が抱える問題に関する記述として**適当でないもの**を，次の①〜④の中から一つ選び
なさい。　　　　　　　　　　　　　　　　　　　　　　　　　　　　　　**31**

① 安保理常任理事国に与えられている拒否権によって，機能不全に陥るおそれがある。

② 運営資金の拠出が一部の国に偏っており，公平性に問題がある。

③ 常設軍を持っているが，その出動に大きな制限があり，実際の平和維持に活用できて
いない。

④ 一部の国が国連分担金を滞納するため，国連は財政難に陥るおそれがある。

問26　次の文章を読み，文章中の空欄　a　，　b　に当てはまる語の組み合わせとして最も適
当なものを，下の①〜④の中から一つ選びなさい。　　　　　　　　　　　　**32**

　1974年，ポルトガル（Portugal）で40年以上続いた独裁政治が打倒され，民主化が成就した。
これは隣国スペインの　a　政権に動揺を与え，その後の民主化につながった。スペイン以外
にも影響は及び，この後10年程度の間に，　b　が独裁政権を築いていたフィリピン（Philippines）
やペルー（Peru），アルゼンチン（Argentina），ブラジルなどさまざまな国が民主化した。

	a	b
①	ワレサ	マルコス
②	ワレサ	ティトー
③	フランコ	マルコス
④	フランコ	ティトー

注）ワレサ（Lech Wałęsa），フランコ（Francisco Franco），マルコス（Ferdinand Edralin Marcos），ティ
トー（Tito）

問27　次の文章を読み，文章中の空欄 a ，b に当てはまる語の組み合わせとして最も適当なものを，下の①〜④の中から一つ選びなさい。 **33**

　EC（欧州共同体）の統合をさらに深めるため，1993年に発効した a によって，EU（欧州連合）が発足した。その後，統一通貨であるユーロの導入など，政治・経済における統合が進んでいった。そして2009年に発効した b によりEU大統領とも呼ばれる常任のヨーロッパ理事会議長が設置されるなどし，さらなる統合が進んでいる。

	a	b
①	ローマ条約	リスボン条約
②	ローマ条約	アムステルダム条約
③	マーストリヒト条約	リスボン条約
④	マーストリヒト条約	アムステルダム条約

注）ローマ条約 (Treaty of Rome)，リスボン条約 (Treaty of Lisbon)，アムステルダム条約 (Treaty of Amsterdam)，マーストリヒト条約 (Maastricht Treaty)

問28　次の文章を読み，文章中の空欄 a ，b に当てはまる語の組み合わせとして最も適当なものを，下の①〜④の中から一つ選びなさい。 **34**

　19世紀にプロイセン王国（Kingdom of Prussia）の首相となった a は，議会を無視して軍備を拡張するいわゆる b を展開し普墺戦争・普仏戦争に勝利してドイツを統一し，ヨーロッパの外交でも主導的立場を取った。内政面では社会保障を推進する一方，社会主義者鎮圧法を制定するなど，「アメとムチ」と呼ばれる政策をとった。

	a	b
①	メッテルニヒ	鉄血政策
②	メッテルニヒ	3C政策
③	ビスマルク	鉄血政策
④	ビスマルク	3C政策

注）メッテルニヒ (Klemens von Metternich)，ビスマルク (Otto von Bismarck)

問29　第一次世界大戦と第二次世界大戦の戦間期に関する記述として最も適当なものを，次の①～④の中から一つ選びなさい。　35

①　イギリスでは，最初の労働党内閣が成立した。

②　アメリカはネップ新経済政策（NEP）によって，世界恐慌からの脱出を図った。

③　国際連盟にはアメリカをはじめとする世界の主要国が参加した。

④　ワシントン会議では日本，イギリス，アメリカ，ソ連を中心に，陸軍戦力の制限が決定された。

問30　14世紀にヨーロッパを中心に大流行し，一説には総人口の3分の1の命を奪い，17世紀にも流行した伝染病として最も適当なものを，次の①～④の中から一つ選びなさい。　36

①　ペスト

②　コレラ

③　スペイン風邪

④　BSE（牛海綿状脳症）

問31　20世紀のラテンアメリカに関する記述として最も適当なものを，次の①～④の中から一つ選びなさい。　37

①　アメリカはラテンアメリカ諸国に対する影響を強め，パナマ運河の権利を獲得した。

②　キューバではカストロ（Fidel Castro）が独裁政治をおこない，ソ連に侵入された。

③　ブラジルではナジ（Nagy Imre）による軍事政権が築かれ，国際的な非難にさらされた。

④　アルゼンチンはフォークランド諸島（Falklands）を巡ってフランスと交戦し，敗北した。

問32　アメリカが関連する戦争である次のA～Dを年代順に並べ替えたものとして正しいものを，下の①～④の中から一つ選びなさい。　38

A：米西戦争(Spanish-American War)

B：米墨戦争(Mexican-American War)

C：南北戦争(American Civil War)

D：アメリカ独立戦争(United States War of Independence)

①　C→B→A→D

②　D→B→A→C

③　C→D→B→A

④　D→B→C→A

総合科目の問題はこれで終わりです。解答欄の **39** ～ **60** はマークしないでください。

この問題冊子を持ち帰ることはできません。

実戦問題

解答時間 80分

問1　次の文章を読み，下の問い(1)～(4)に答えなさい。

　₁オーストリア(Austria) はヨーロッパ（Europe）に位置する国家であり，首都はウィーン（Vienna）である。かつては，オーストリア＝ハンガリー帝国であったが，₂第一次世界大戦の敗戦によって解体され，₃共和制に移行した。1930年代にヒトラーによって合併されたが，第二次世界大戦後の分割占領の時代を経て，1955年に中立を宣言し，東西の緩衝帯となり独立を回復した。その後，1995年に₄EU加盟を実現した。

(1)　下線部1に関して，オーストリアの位置として正しいものを，下の地図中の①～④の中から一つ選びなさい。

1

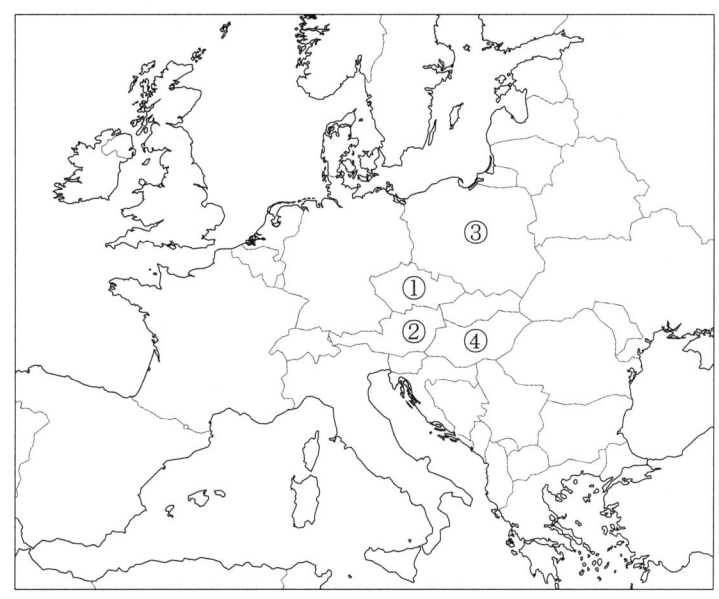

⑵　下線部 **2** に関して，第一次世界大戦後の日本に関する記述として最も適当なものを，次の①～④の中から一つ選びなさい。　**2**

①　ソ連（USSR）の台頭を防ぐため，イギリス（UK）と同盟条約を結んだ。

②　ドイツ（Germany）から賠償金を手に入れ，急速な工業化が始まった。

③　主要国と海軍の主力艦の保有制限に関する条約を結んだ。

④　アメリカ（USA）に占領され，三菱を含めて四大財閥の解体がおこなわれた。

⑶　下線部 **3** に関して，共和制をとる国として正しいものを，次の①～④の中から一つ選びなさい。　**3**

①　スウェーデン（Sweden）

②　スイス（Switzerland）

③　タイ（Thailand）

④　オランダ（Netherlands）

⑷　下線部 **4** に関して，「EU大統領」とも呼ばれるヨーロッパ理事会議長の設置が規定された条約として最も適当なものを，次の①～④の中から一つ選びなさい。　**4**

①　リスボン条約

②　ローマ条約

③　アムステルダム条約

④　マーストリヒト条約

問2　次の文章を読み，下の問い(1)〜(4)に答えなさい。

　モーリシャス(Republic of Mauritius)はアフリカ (Africa) の ₁島国であり，₂イギリス連邦内の共和国である。オランダ，フランス(France)，イギリスと欧州列強の植民地となっていた経緯で，イギリス連邦の国家にも関わらず，フランス語やフランス語系のクレオール(creole)語が一般的に使われている。また，サトウキビのプランテーションの労働力として移民したインド系やクレオール，華人などの多民族国家となっている。

　かつてはサトウキビの ₃モノカルチャー経済だったが，近年は繊維をはじめとした多数の産業の育成に成功し，モノカルチャー経済から脱却している。一方で ₄税制上の優遇措置を，域外の企業に対して戦略的に設けているタックスヘイブンとしても知られており，インドや中国の企業が拠点を置いている。

(1)　下線部 **1** に関して，次の島国A〜Dの面積を大きい順に並べたものとして正しいものを，下の①〜④の中から一つ選びなさい。　　　　　　　　　　　　　　　**5**

A：マダガスカル (Madagascar)

B：マルタ (Malta)

C：スリランカ (Sri Lanka)

D：アイスランド (Iceland)

①　A→D→C→B

②　B→C→D→A

③　C→A→D→B

④　D→A→C→B

⑵　下線部 **2** に関して，イギリス連邦の加盟国として最も適当なものを，次の①〜④の中から一つ選びなさい。　　　　　　　　　　　　　　　　　　　　　　　　**6**

①　モロッコ (Morocco)

②　インドネシア (Indonesia)

③　ジャマイカ (Jamaica)

④　セネガル (Republic of Senegal)

⑶　下線部 **3** に関して，モノカルチャーがおこなわれていた国と生産されていた作物の組み合わせとして最も適当なものを，次の①〜④の中から一つ選びなさい。　　　　**7**

	国名	作物
①	ブラジル	テンサイ
②	カメルーン	小麦
③	ノルウェー	ココア
④	ケニア	紅茶

注) ブラジル (Brazil)，カメルーン (Cameroon)，ノルウェー (Norway)，ケニア (Kenya)

⑷　下線部 **4** に関して，日本にはさまざまな税制が存在している。逆進性がある税種として正しいものを，次の①〜④の中から一つ選びなさい。　　　　　　　　　　　　　　　**8**

①　所得税

②　消費税

③　相続税

④　法人税

問3　需給曲線に関する次の文章を読み，文章中の空欄 a ，b に当てはまる語の組み合わせとして最も適当なものを，下の①〜④の中から一つ選びなさい。　9

仮にある商品Xが急に人気になったら，商品Xの取引量は a し，需要曲線は b にシフトすると考えられる。

	a	b
①	減少	上方（右方）
②	増加	上方（右方）
③	減少	下方（左方）
④	増加	下方（左方）

問4　可処分所得に関する記述として最も適当なものを，次の①〜④の中から一つ選びなさい。　10

① 　可処分所得は，消費者の所得から税金や社会保険料を除いたものである。

② 　可処分所得は，消費者の所得から税金や社会保険料と，光熱費を除いたものである。

③ 　可処分所得のうち，貯蓄が占める金額の割合をエンゲル係数という。

④ 　北欧諸国では収入全体に占める可処分所得の割合が他の諸国と比べて高い。

問5　次のグラフは1990年〜2018年までの日本，アメリカ，スイス，ルクセンブルク (Luxembourg) の一人当たり名目GDPの推移を示したものである。グラフ中のA〜Dに当てはまる国名の組み合わせとして最も適当なものを，下の①〜④の中から一つ選びなさい。　**11**

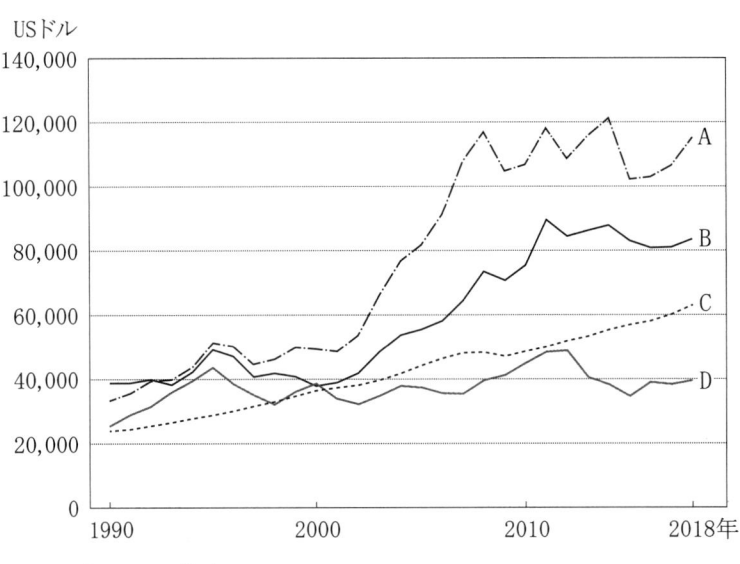

IMFのデータより作成

	A	B	C	D
①	アメリカ	ルクセンブルク	日本	スイス
②	アメリカ	日本	スイス	ルクセンブルク
③	ルクセンブルク	アメリカ	日本	スイス
④	ルクセンブルク	スイス	アメリカ	日本

問6　日本の企業に関する記述として最も適当なものを，次の①〜④の中から一つ選びなさい。

12

① 株主は保有株式数に関係なく，株主総会では一人一票の議決権を持っている。

② 取締役会は株式会社における最高の意思決定機関であり，株主総会を組織することができる。

③ 1990年代の法改正によって，持株会社の新設は禁止されるようになった。

④ 近年，企業改革一環として，社外取締役の導入が進められている。

問7　日本の失業問題に関する次の文章を読み，文章中の空欄 a ， b に当てはまる語の組み合わせとして最も適当なものを，下の①〜④の中から一つ選びなさい。

13

　日本では，2002年に完全失業率が5.4%となり，第二次世界大戦後最も高い数値となった。これは1990年代前半の a に端を発する社会構造の変化が進んだ結果といえる。その後，景気の回復によって緩やかに改善が進んだものの，2009年には前年の b の影響によって，再び5.1%という高い水準を記録することになった。

	a	b
①	プラザ合意	ニクソン・ショック
②	消費税の導入	東日本大震災
③	アジア通貨危機	アメリカ同時多発テロ事件
④	バブル崩壊	世界金融危機

総務省ホームページのデータより作成

注) プラザ合意 (Plaza Accord)，ニクソン・ショック (Nixon Shock)，アジア通貨危機 (Asian Financial Crisis)

問8　社会保障に関する記述として最も適当なものを，次の①〜④の中から一つ選びなさい。

14

① 公的扶助の起源は，1601年のエリザベス救貧法と言われている。

② ソ連は第二次世界大戦後，「ゆりかごから墓場まで」というスローガンのもと，国の責任による社会保障制度を整備した。

③ 国際労働機関（ILO）がベヴァリッジ報告を発表し，社会保障の最低基準を発表した。

④ アメリカでは，すべての国民が医療保険に加入する国民皆保険制度が実現した。

問9　次のグラフは1950年から2019年までの世界の各大陸・地域の人口の推移を示したものである。グラフ中のA〜Dに当てはまる大陸・地域の組み合わせとして最も適当なものを，下の①〜④の中から一つ選びなさい。

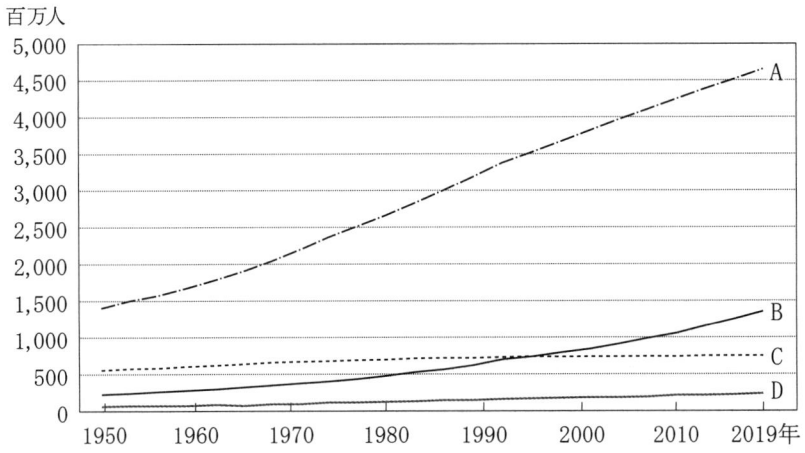

UN, World Population Prospectsより作成

	A	B	C	D
①	アジア	アフリカ	中南米・カリブ	ヨーロッパ
②	アジア	アフリカ	ヨーロッパ	中南米・カリブ
③	アフリカ	アジア	中南米・カリブ	ヨーロッパ
④	アフリカ	アジア	ヨーロッパ	中南米・カリブ

注）中南米（South America and Central America），カリブ（Caribbean）

問10　財政に関する記述として**適当でないもの**を，次の①～④の中から一つ選びなさい。

16

① 雇用保険には，景気を安定化させる効果があり，これを「ビルト・イン・スタビライザー」と呼ぶ。

② 国債の借金による歳入出を含む，国の合計の歳入出を「プライマリーバランス」と呼ぶ。

③ 政府が意識的に景気を安定化させるために裁量的におこなう財政政策を「フィスカル・ポリシー」と呼ぶ。

④ 不景気の際には，政府は買いオペレーションと呼ばれる市場操作をおこない，マネーサプライを増加させる。

問11　日本の金融政策に関する次の文章を読み，文章中の空欄 a ， b に当てはまる語の組み合わせとして最も適当なものを，下の①～④の中から一つ選びなさい。

17

　日本は1990年代前半から，急激な景気の減速に見舞われた。この原因の一つであった，規制の多い日本の金融システムの改革のための a が提唱された。「フリー」，「フェア」，「グローバル」に基づくこの政策により，日本の金融市場の自由化が進められ， b による金融機関の破綻時の預金者の保護もおこなわれるようになった。

	a	b
①	護送船団方式	準備預金制度
②	護送船団方式	ペイオフ
③	金融ビッグバン	準備預金制度
④	金融ビッグバン	ペイオフ

問12 国際収支に関する記述として最も適当なものを，次の①～④の中から一つ選びなさい。

18

① 経常収支はモノやサービスの取引の収支を表し，貿易・サービス収支，第一次所得収支，第二次所得収支によって構成される。

② 日本企業が海外に工場を建設した際には金融収支にマイナスとして計上される。

③ 円借款や特許権による収支はサービス収支に分類される。

④ 日本の貿易収支は第二次世界大戦以降，一貫して黒字である。

問13 次の表は日本，アメリカ，カナダ (Canada)，中国 (China) の2015年の一次エネルギー源のうち，石油，石炭，水力，原子力の占める割合（石油換算）を表したものである。表中のAに当てはまるエネルギー源として最も適当なものを，下の①～④の中から一つ選びなさい。

19

	日本	アメリカ	カナダ	中国
A	0.6%	9.9%	9.8%	1.5%
B	27.3%	17.1%	6.8%	66.7%
C	43.0%	36.3%	34.9%	18.0%
D	1.7%	1.0%	12.1%	3.2%

『世界国勢図会　2018/19年版』より作成

① 石油

② 石炭

③ 水力

④ 原子力

問14　次の表は世界の主な環境問題とその原因となる物質の組み合わせを示したものである。この組み合わせとして**適当でないもの**を，下の①〜④の中から一つ選びなさい。　20

	環境問題	原因物質
①	地球温暖化	二酸化炭素
②	オゾンホールの拡大	メタンガス
③	酸性雨	硫黄酸化物
④	光化学スモッグ	窒素酸化物

問15　地中海性気候に関する次の文章を読み，文章中の空欄　a　，　b　に当てはまる語の組み合わせとして最も適当なものを，下の①〜④の中から一つ選びなさい。　21

　地中海性気候は夏の日差しが強く乾燥し，冬に一定の降雨がある気候であり，地中海沿岸の他に，　a　などのヨーロッパ以外の都市や地域にも分布している。作物としてはオリーブや，　b　などの果物が多く栽培されており，牧畜も広くおこなわれている。

	a	b
①	ロサンゼルス	リンゴ
②	ロサンゼルス	ブドウ
③	ブエノスアイレス	リンゴ
④	ブエノスアイレス	ブドウ

注）ロサンゼルス (Los Angeles)，ブエノスアイレス (Buenos Aires)

問16　プレート運動に関する記述として最も適当なものを，次の①～④の中から一つ選びなさい。

22

①　プレート同士が衝突することで造山帯ができたが，その代表的なものが新期造山帯の
　　ウラル山脈(Ural Mountains)である。

②　海底でプレート同士が狭まることで，大西洋中央海嶺ができた。

③　東日本大震災は北アメリカプレート(North American Plate)と太平洋プレート(Pacific
　　Plate)の衝突によって発生した。

④　プレート同士がずれることで断層ができ，その代表的なものがアメリカ東海岸にある。

問17　世界の湖に関する記述として最も適当なものを，次の①～④の中から一つ選びなさい。

23

①　世界で最も大きな湖はビクトリア湖(Lake Victoria)である。

②　バイカル湖(Ozero Baykal)は火山が噴火してできたカルデラに水が溜まってできた。

③　カスピ海(Caspian Sea)は世界最大の内海であったが，干ばつにより消滅寸前となっ
　　ている。

④　五大湖(Great Lakes)は氷河によって侵食されたものである。

問18　次の図は，ヨーロッパと日本を通る同じ緯線を表したものである。日本とヨーロッパの

　　　位置関係を示すものとして最も適当なものを，下の地図中の①～④の中から一つ選びなさい。

24

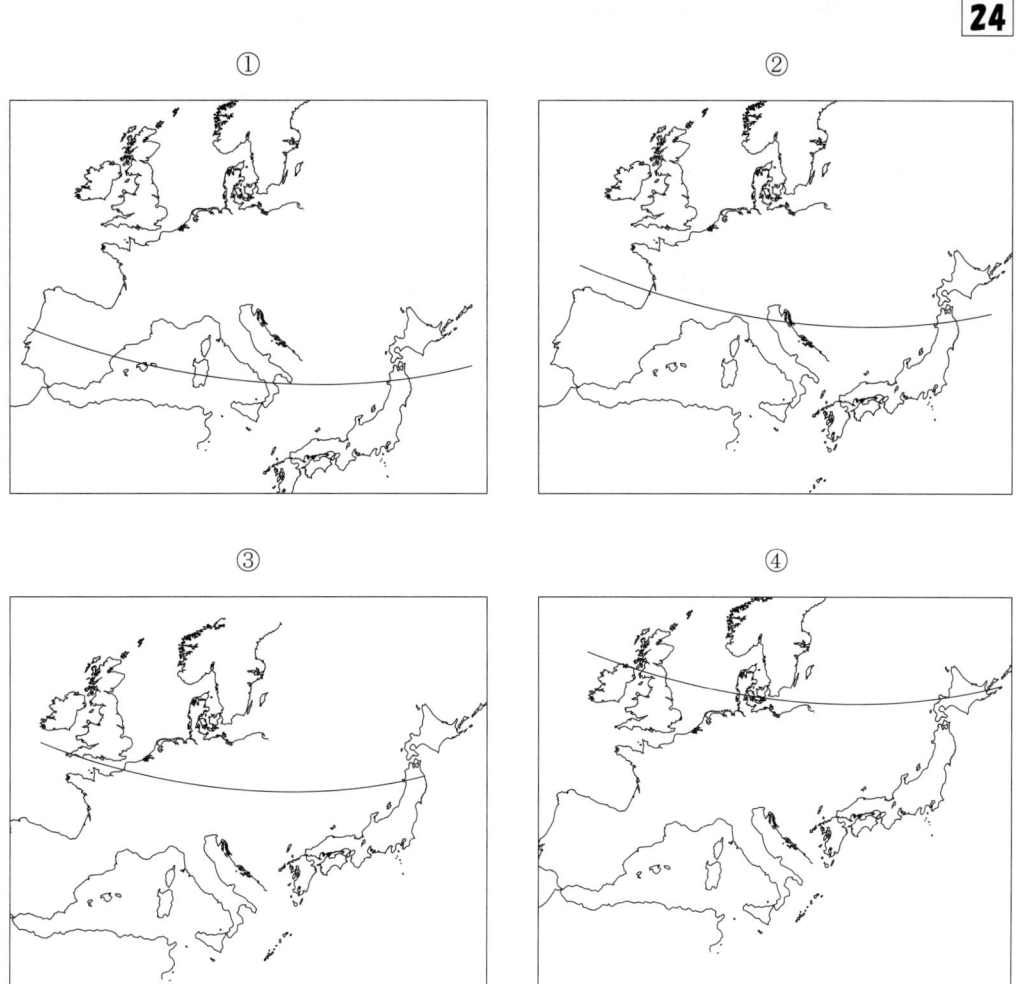

①

②

③

④

問19　日本の選挙に関する記述として最も適当なものを，次の①〜④の中から一つ選びなさい。

25

①　細川政権の改革により，参議院選挙では中選挙区制を採用するようになった。

②　衆議院選挙への投票は国民の義務とされている。

③　若者の政治参加を促す目的で，選挙権年齢が満18歳以上に引き下げられた。

④　地方自治体の首長選挙の被選挙権年齢は各自治体が条例によって定めることができる。

問20　選挙制度に関する次の文章を読み，文章中の空欄　a ，　b に当てはまる語の組み合わせとして最も適当なものを，下の①〜④の中から一つ選びなさい。

小選挙区制度は政局が安定しやすい，民意が反映されやすいといったメリットがある反面，　a が多くなることや，特定の政党がその候補に有利になるよう選挙区を分割する　b が発生するといったデメリットを持っている。

26

	a	b
①	死票	レファレンダム
②	死票	ゲリマンダー
③	白票	レファレンダム
④	白票	ゲリマンダー

問21　日本国憲法に関する記述として最も適当なものを，次の①〜④の中から一つ選びなさい。

27

①　交戦権を否認している。

②　改憲が容易な軟性憲法である。

③　国民主権，民族自決，基本的人権の尊重を3つの原則としている。

④　天皇は国事行為および条約の承認をおこなうとされている。

問22　日本の三権分立に関する記述として最も適当なものを，次の①～④の中から一つ選びなさい。

28

① 内閣は司法府である最高裁判所の長官を指名する。

② 最高裁判所の裁判官はその独立性の観点から，罷免されることはない。

③ 日本において証人喚問はすべての裁判所の権限に当たる。

④ 内閣総理大臣は閣議によって指名される。

問23　国籍に関する次の文章を読み，文章中の空欄 a ， b に当てはまる語の組み合わせとして最も適当なものを，下の①～④の中から一つ選びなさい。

29

アメリカやカナダといった国は国籍に関して， a を採用しているが，日本やドイツといった国は異なった仕組みを採用している。そのため，異なる国籍を持つ両親の間に生まれた子どもが双方の国籍を持つ，「二重国籍」の状態が発生することがあるが，日本の法律ではこの状態を b 。

	a	b
①	血統主義	認めている
②	血統主義	認めていない
③	出生地主義	認めている
④	出生地主義	認めていない

問24　人権に関する記述として最も適当なものを，次の①〜④の中から一つ選びなさい。

30

①　フランスのロック (John Locke) は『市民政府二論』の中で自然権の存在に言及した。

②　自然権と生まれながらの人権を明文化した初の成文憲法はアメリカ独立宣言 (United States Declaration of Independence) である。

③　世界で初めて社会権を規定した憲法はドイツのワイマール憲法 (Weimar Constitution) である。

④　日本は1989年に死刑廃止条約に批准している。

問25　日本の労働に関する記述として最も適当なものを，次の①〜④の中から一つ選びなさい。

31

①　労働基準法によって基本的な労働時間は1日7時間，週35時間までと定められている。

②　労働組合法によって，公務員も含めすべての業種に対して労働組合の結成が認められている。

③　男女雇用機会均等法によって，労働における男女差別が禁止されている。

④　高度経済成長期の雇用の特徴は，成果主義と終身雇用制であった。

問26　アフリカの歴史に関する次の文章を読み，文章中の空欄 a ， b に当てはまる語の組み合わせとして最も適当なものを，下の①〜④の中から一つ選びなさい。　**32**

　20世紀初頭，アフリカ大陸の独立国は， a ，エチオピア (Ethiopia) の2カ国のみであった。第二次世界大戦後，アフリカ各地で独立運動が開始され，1960年には17カ国が独立を果たし，「アフリカの年」と呼ばれた。その中には， b の植民地であったコンゴ民主共和国 (Democratic Republic of the Congo) も含まれていた。

	a	b
①	モロッコ	ベルギー
②	モロッコ	フランス
③	リベリア	ベルギー
④	リベリア	フランス

注）リベリア (Liberia)，ベルギー (Belgium)

問27　国際連合の歴史に関する次の文章を読み，文章中の空欄 a ， b に当てはまる語の組み合わせとして最も適当なものを，下の①〜④の中から一つ選びなさい。　**33**

　国際連合はその本部をニューヨーク (New York) に置き，安全保障理事会や，国際司法裁判所といった主要機関に加え，国際的な金融市場の安定を目的とする a などの多くの専門機関と連携している。国際連合の大きな任務である平和の実現のため，地域的な紛争から人命を守るための b は安全保障理事会の決議によって派遣され，現在も世界各国で展開している。

	a	b
①	IBRD	PKF
②	IBRD	NGO
③	IMF	PKF
④	IMF	NGO

問28　20世紀初頭のヨーロッパ情勢に関する次の文章を読み，文章中の空欄 a ， b に当てはまる語の組み合わせとして最も適当なものを，下の①〜④の中から一つ選びなさい。

34

　20世紀前半，イギリス・フランス・ロシア(Russia)は a を締結し，ドイツ・オーストリアの連合に対抗した。これは列強間の勢力均衡政策に基づくものだったが，この政策は1914年の b をきっかけに発生した第一次世界大戦によって破綻した。

	a	b
①	三国同盟	サライェヴォ事件
②	三国同盟	ファショダ事件
③	三国協商	サライェヴォ事件
④	三国協商	ファショダ事件

問29　中東戦争に関する記述として最も適当なものを，次の①〜④の中から一つ選びなさい。

35

①　第一次中東戦争ではイスラエル(Israel)が勝利し，独立国としての地位を固めた。

②　第二次中東戦争はイラン（Iran）によるスエズ運河(Suez Canal)国有化宣言がきっかけで発生した。

③　第三次中東戦争ではアラブ諸国が石油戦略を展開したことで石油危機が発生した。

④　第四次中東戦争ではケマル大統領（Mustafa Kemal Atatürk)に率いられたトルコ(Turkey)軍が勝利し，シナイ高原を奪還した。

問30　東南アジア諸国のうち，第二次世界大戦後に旧宗主国から独立を実現した国家として適当でないものを，次の①〜④の中から一つ選びなさい。

36

①　タイ

②　インドネシア

③　マレーシア(Malaysia)

④　ベトナム(Vietnam)

問31　冷戦期の東ヨーロッパに関する記述として最も適当なものを，次の①～④の中から一つ選びなさい。　**37**

①　スターリンの「ベルリン封鎖」によって，東西ドイツはベルリンの壁 (Berlin Wall) を隔てて，それぞれ東ベルリンと西ベルリンを首都としていた。

②　ソ連や東ドイツを中心とした東ヨーロッパの社会主義国家8ヶ国はワルシャワ条約機構 (Warsaw Pact) を結成した。

③　ルーマニア (Romania) は「プラハの春 (Prague Spring)」と呼ばれる民主化運動によって民主化した。

④　ソ連解体後，エストニア (Estonia)，ラトビア (Latvia)，リトアニア (Lithuania) のバルト三国が相次いで独立宣言をおこなった。

問32　第二次世界大戦後の出来事であるA～Dを年代順に並べ替えたものとして正しいものを，次の①～④の中から一つ選びなさい。　**38**

A：中距離核戦力 (INF) 全廃条約の締結

B：ソ連のアフガニスタン (Afghanistan) 侵攻

C：キューバ危機 (Cuban Missile Crisis)

D：アメリカ軍のベトナム (Vietnam) からの撤退

①　D→B→A→C

②　C→B→A→D

③　D→B→C→A

④　C→D→B→A

総合科目の問題はこれで終わりです。解答欄の **39** ～ **60** はマークしないでください。

この問題冊子を持ち帰ることはできません。

実戦問題

解答時間 **80**分

問1　次の文章を読み，下の問い(1)～(4)に答えなさい。

　秋田県は県内を₁北緯40度線が通過し，日本の本州北部に位置している。日本海側に面しているという地理的特徴から，冬季は世界でも有数の豪雪地帯になる一方，₂夏季は最高気温が40度近くに達することもある。

　また，日本の中でも₃少子高齢化が進行している地域であり，2018年の高齢化率は36％を超えている。これは，先述の気候的条件に加え，1970年代の政治家，　a　が提唱した「日本列島改造論」の意向を受けて建設された秋田新幹線が開業する1997年まで，東京へのアクセスが空路に限られていた点にも起因している。

(1)　下線部**1**に関して，秋田県とほぼ同じ緯度の都市や地域として最も適当なものを，次の①～④の中から一つ選びなさい。　　　　　　　　　　　　　　　　　　　　　　　　　　　　1

①　メキシコシティ（Mexico City）

②　ニューヨーク（New York）

③　ロンドン（London）

④　プラハ（Prague）

⑵　下線部2のような現象が起こる理由として最も適当なものを，次の①〜④の中から一つ選びなさい。　　　　　　　　　　　　　　　　　　　　　　　**2**

①　海からの温かい空気が山に遮られずに直接吹き込んでくるため。

②　温かい空気が盆地の中で竜巻状に滞留するため。

③　工場が多く，そこからの排気や排熱によって空気が温められるため。

④　気流が山を越え，暖かくて乾いた下降気流となって吹き下ろすため。

⑶　下線部3に関して，日本の少子高齢化に関する記述として最も適当なものを，次の①〜④の中から一つ選びなさい。　　　　　　　　　　　　　　　　　　　　　　　**3**

①　日本の合計特殊出生率は2015年以降1を切っている。

②　国家財政を支えに，年金に占める現役世代の負担割合は低下している。

③　65歳以上の高齢者の人口は，1950年以降，一貫して増加してきた。

④　日本の人口は2000年以降，減少を続けている。

⑷　文章中の空欄　a　に当てはまる人物の名前として最も適当なものを，次の①〜④の中から一つ選びなさい。　　　　　　　　　　　　　　　　　　　　　　　**4**

①　吉田茂

②　佐藤栄作

③　田中角栄

④　大平正芳

問2　次の文章を読み，下の問い⑴〜⑷に答えなさい。

　₁サウジアラビア (Saudi Arabia) は，世界第2位の原油埋蔵量を誇る国であると同時に，最大の聖地 a を抱える厳格な ₂イスラム教国であり，女性の権利など，人権に対する考え方の他国との相違から批判を浴びることも多い。

　一方で豊富な石油埋蔵量を盾にした ₃外交政策を展開しており，1973年の b では石油戦略を用いて第一次石油危機を引き起こした。その後は，武器の購入を通じてアメリカ (USA) に接近し，中東随一の親米国となることで独自の安全保障政策を展開している。

⑴　下線部 **1** に関して，サウジアラビアの位置として正しいものを，次の地図中の①〜④の中から一つ選びなさい。

5

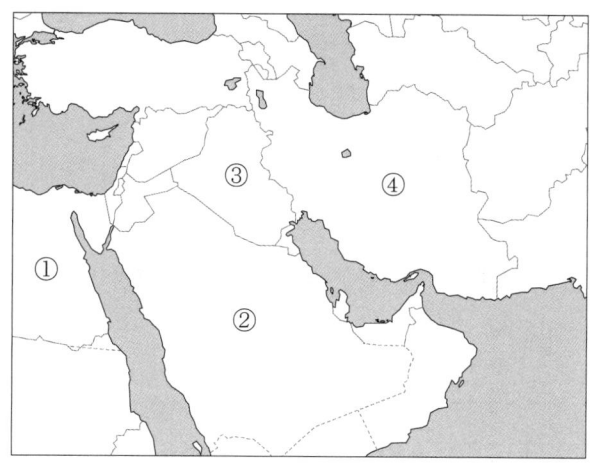

(2)　下線部 **2** に関して，アジアでイスラム教が国教となっている国として最も適当なものを，次の①〜④の中から一つ選びなさい。　　**6**

①　マレーシア (Malaysia)

②　インド (India)

③　シンガポール (Singapore)

④　ベトナム (Vietnam)

(3)　下線部 **3** に関して，日本の外交三原則として**正しくないもの**を，次の①〜④の中から一つ選びなさい。　　**7**

①　国連中心主義

②　自由主義諸国との協調

③　武装中立

④　アジアの一員としての立場の堅持

(4)　文章中の空欄 [a] ，[b] に当てはまる語の組み合わせとして最も適当なものを，次の①〜④の中から一つ選びなさい。　　**8**

	a	b
①	イェルサレム	イラン革命
②	イェルサレム	第四次中東戦争
③	メッカ	イラン革命
④	メッカ	第四次中東戦争

注) イェルサレム(Jerusalem)，イラン革命(Iranian Revolution)，メッカ(Mecca)，第四次中東戦争(Yom Kippur War)

問3　需要・供給曲線に関する記述A, Bの正誤の組み合わせとして正しいものを, 次の①〜④の中から一つ選びなさい。　　　　　　　　　　　　　　　　　　　　　9

A：供給曲線は, 一般に人件費の高騰でコストが上がると, 右にシフトする。

B：需要曲線は, 一般に高級車などの贅沢品のほうが生活必需品よりも傾きが緩やかである。

	A	B
①	正	正
②	正	誤
③	誤	正
④	誤	誤

問4　今年ある国の名目GDPが240兆円で, 前年の名目GDPは200兆円であり, 前年から今年にかけての実質経済成長率は50%であった。このとき, 前年を基準年とする今年のGDPデフレーターの数値を, 次の①〜④の中から一つ選びなさい。　　　　　　　　　　　　10

①　60

②　80

③　120

④　180

問5　次のグラフは2013年～2016年までの日本，アメリカ，中国 (China)，ドイツ (Germany) の貿易収支の推移を示したものである。グラフ中のA～Dに当てはまる国名の組み合わせとして最も適当なものを，下の①～④の中から一つ選びなさい。　⑪

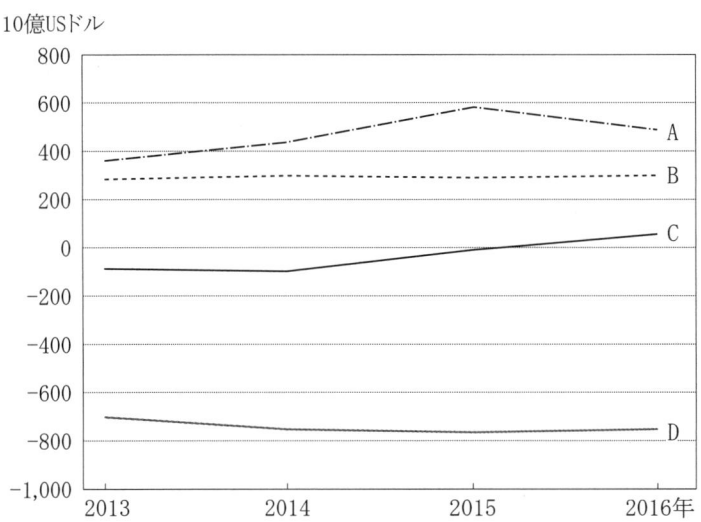

『世界国勢図会　2018/19年版』より作成

	A	B	C	D
①	日本	中国	ドイツ	アメリカ
②	アメリカ	中国	ドイツ	日本
③	ドイツ	日本	アメリカ	中国
④	中国	ドイツ	日本	アメリカ

問6　「市場の失敗」の例に関する記述として**適当でないもの**を，次の①～④の中から一つ選びなさい。　⑫

① 公共サービスの提供のために税率が上昇する。

② 企業が自社の利益を追求して汚染物質を排出することで公害が発生する。

③ 中古車市場において買い手が価格に比べて質の悪い中古車を購入させられることが多い。

④ 税金を支払わない市民も警察や公園といった公共サービスを利用できてしまう。

問7　経済学者とその主な著作の組み合わせとして最も適当なものを，次の①～④の中から一つ選びなさい。　**13**

	経済学者	著作
①	ミル	『経済学および課税の原理』
②	リカード	『国富論』
③	ハイエク	『政治経済学の国民的体系』
④	ケインズ	『雇用，利子および貨幣の一般理論』

注) ミル(John Stuart Mill)，リカード(David Ricardo)，ハイエク(Friedrich Hayek)，ケインズ(John Maynard Keynes)，『経済学および課税の原理』(On the Principles of Political Economy and Taxation)，『国富論』(An Inquiry into the Nature and Causes of the Wealth of Nations)，『政治経済学の国民的体系』(The National System of Political Economy)，『雇用，利子および貨幣の一般理論』(The General Theory Employment, Interest and Money)

問8　累進課税制度に関する記述として最も適当なものを，次の①～④の中から一つ選びなさい。　**14**

① 累進課税制度は「富の再分配」を実現するための制度である。

② 累進課税制度とは所得階級に関わらず，一定の税率が課せられる税制である。

③ 日本において，消費税は累進課税となっている。

④ 累進課税制度は好況期には減税として，不況期には増税として機能する。

問9　次のグラフは昭和52年（1977年）～平成27年（2015年）までの日本の主要税目の税収を示

したものである。グラフ中のA～Dのうち，消費税に当てはまるものとして最も適当なものを，

下の①～④の中から一つ選びなさい。　　　　　　　　　　　　　　　　　　　　　　　**15**

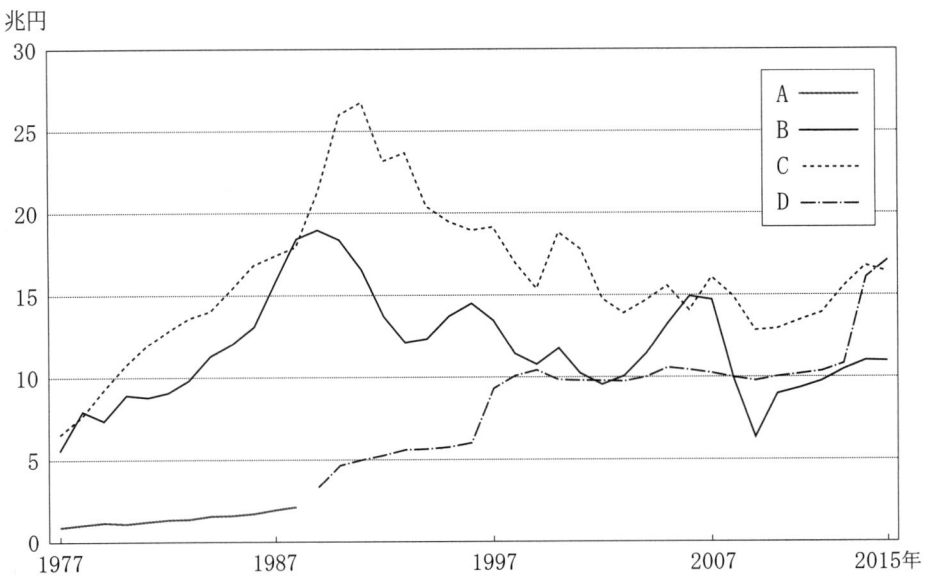

財務省ホームページより作成

①　A

②　B

③　C

④　D

問10　2008年に発生した国際的な金融危機であるリーマン・ショックに関する記述として最も適当なものを，次の①〜④の中から一つ選びなさい。　**16**

① ヨーロッパ（Europe）はこの金融危機の影響を受けず，スペイン（Spain）やイタリア（Italy）は2008年から2012年まで年5％以上の経済成長を続けた。

② この金融危機はアメリカにおける低所得者向け住宅ローンの不良債権化が発端であった。

③ アジアではこの金融危機によって，タイ（Thailand）や韓国（South Korea）において通貨危機が発生した。

④ 日本ではこの金融危機に対して，日本版金融ビッグバンと呼ばれる規制緩和策で対応した。

問11　為替に関する次の文章中の空欄 a ， b に当てはまる語の組み合わせとして最も適当なものを，下の①〜④の中から一つ選びなさい。　**17**

近年，日本を訪れる外国人の数が急速に増加しているのは日本円が a になっていることが原因の一つである。このように外国の貨幣に対する日本円の価値が変動するようになったのは b がきっかけであった。

	a	b
①	円高	プラザ合意
②	円高	ニクソン・ショック
③	円安	プラザ合意
④	円安	ニクソン・ショック

注）プラザ合意（Plaza Accord），ニクソン・ショック（Nixon Shock）

問12　日本の国債に関する記述として最も適当なものを，次の①〜④の中から一つ選びなさい。

18

①　一般的に，政府が国債を大量に発行すると，市中銀行の金利水準は上がる。

②　財政の歳入における国債依存度は10%を下回っている。

③　赤字国債を制限なしに発行することは財政法上認められている。

④　戦後の建設国債の発行は一度もなかった。

問13　世界における地域経済統合に関する記述として最も適当なものを，次の①〜④の中から一つ選びなさい。

19

①　東南アジア諸国連合 (ASEAN) には東ティモール (East Timor) も加盟している。

②　経済危機をきっかけにギリシャ (Greece) が欧州連合 (EU) を2018年に脱退した。

③　USMCA にはカナダ (Canada) も加盟している。

④　南米南部共同市場 (MERCOSUR) にはメキシコ (Mexico) も加盟している。

問14　次のグラフは2016年のある農作物の世界全体の輸出量に占める各国の割合を表したものである。この農作物として最も適当なものを，下の①〜④の中から一つ選びなさい。

20

チリ ▨　イタリア ▨　アメリカ □　南アフリカ ■　ペルー ▨　その他 □

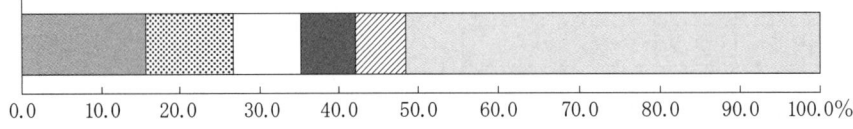

『世界国勢図会　2018/19年版』より作成
注) チリ (Chile)，ペルー (Peru)，南アフリカ (South Africa)

①　ココア

②　テンサイ

③　ブドウ

④　コーヒー

問15　造山帯に関する次の文章中の空欄 a ， b に当てはまる語の組み合わせとして最も

適当なものを，下の①〜④の中から一つ選びなさい。　　**21**

　世界の a などの高く険しい山脈は地殻変動が盛んな場所にできた新期造山帯に属する山

脈である。日本列島やフィリピン列島，スンダ列島も同様のプレートの衝突による地殻変動に

よってできており， b と呼ばれる。

	a	b
①	ピレネー山脈	楯状地
②	ピレネー山脈	島弧
③	アパラチア山脈	楯状地
④	アパラチア山脈	島弧

　注）ピレネー山脈(Pyrenees)，アパラチア山脈(Appalachian Mountains)

問16　東京（東経135度）と12時間の時差がある都市として正しいものを，次の①〜④の中か

ら一つ選びなさい。ただし，サマータイムは考慮しないものとする。　　**22**

①　ロンドン

②　サンフランシスコ（San Francisco）

③　リオデジャネイロ（Rio de Janeiro）

④　ドバイ（Dubai）

問17　世界の環境問題に関する記述として最も適当なものを，次の①〜④の中から一つ選びなさい。　23

①　南極圏では主にメタンガスの影響によって，オゾン層が破壊される被害が出ている。

②　シベリア中部では焼畑農業によって広大な熱帯雨林が焼き払われている。

③　南アメリカ大陸中部では灌漑によって，かつて世界第4位の面積を誇った湖が消滅の危機にある。

④　ヨーロッパ北部では酸性雨の影響によって樹木が枯れ，水生生物が死滅する被害が出ている。

問18　スペインから独立する傾向が強いカタルーニャ（Catalonia）地域の位置として最も適当なものを，次の地図中の①〜④の中から一つ選びなさい。　24

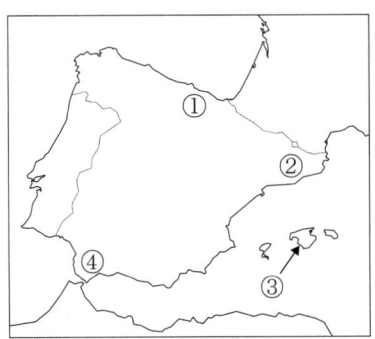

問19　日本の憲法に関する記述として最も適当なものを，次の①〜④の中から一つ選びなさい。　25

①　日本国憲法では「健康で文化的な最低限度の生活を営む権利」として生存権を保障している。

②　日本国憲法の改正には議会での発議の後，国民投票で3分の2以上の賛成が必要である。

③　日本国憲法では国民の義務として納税，教育，兵役の3つが規定されている。

④　日本国憲法には「持たず，作らず，持ち込ませず」という非核三原則が明文化されている。

問20　日本の国会の機能として**適当でないもの**を，次の①～④の中から一つ選びなさい。

26

① 　内閣総理大臣の指名

② 　条例の合憲性審査

③ 　法律の制定と予算の議決

④ 　裁判官の弾劾裁判

問21　日本の選挙に関する次の文章中の空欄 a ， b に当てはまる語の組み合わせとして最も適当なものを，下の①～④の中から一つ選びなさい。

27

　日本の選挙権は現在， a 歳以上の男女とされているが，完全普通選挙となったのは1946年の日本国憲法の公布以降である。また，日本の衆議院選挙は b のもとでおこなわれている。

	a	b
①	18	小選挙区比例代表並立制
②	18	中選挙区制
③	20	小選挙区比例代表並立制
④	20	中選挙区制

問22　日本の55年体制に関する記述として最も適当なものを，次の①～④の中から一つ選びなさい。

28

① 　自民党と共産党が議席のほぼすべてを占める体制であった。

② 　与党は常に自民党であり，最大野党は社会党であった。

③ 　55年体制が発足した当時の内閣総理大臣は佐藤栄作であった。

④ 　1993年，民主党の小沢内閣が成立したことで終焉した。

問23　日本の裁判制度に関する記述として最も適当なものを，次の①〜④の中から一つ選びなさい。

29

①　最高裁判所の裁判官は衆議院議員総選挙の際に国民による審査を受ける。

②　陪審員制度が採用されており，最終審は必ず裁判員裁判によっておこなわれる。

③　最高裁判所長官は参議院議長によって任命される。

④　裁判員制度は2009年に導入されたが，現在廃止されている。

問24　日本の地方自治に関する次の文章中の空欄　a　，　b　に当てはまる語の組み合わせとして最も適当なものを，下の①〜④の中から一つ選びなさい。

30

日本の地方自治体は独自に　a　を発行する権利を有している。また，地方自治体の首長や議員は住民から　b　と呼ばれる制度によって解職を請求されることがあり，住民投票で過半数の賛成があれば実際に解職される。

	a	b
①	債券	オンブズマン
②	債券	リコール
③	貨幣	オンブズマン
④	貨幣	リコール

問25　国際連合に関する記述として最も適当なものを，次の①～④の中から一つ選びなさい。

[31]

①　国際連合の本部は，ニューヨークに置かれる。

②　国際連合は，パリ不戦条約に基づいて設立された。

③　総会では，全会一致によって議決が成立する。

④　国家間の軍事紛争は，国際司法裁判所で解決することとなり，武力制裁は禁止されている。

問26　アメリカの独立に関する次の文章中の空欄 [a] ， [b] に当てはまる語の組み合わせとして最も適当なものを，下の①～④の中から一つ選びなさい。

[32]

　イギリス（UK）との間で独立戦争を戦ったアメリカは1776年， [a] によって起草された独立宣言とともに独立を成し遂げた。これは，近代世界で最初の共和制国家を作り上げた点で大きな意義を持つ一方で， [b] を中心とした黒人奴隷制度など民主主義国家としての問題はその解決に多大な時間を要した。

	a	b
①	ジョージ・ワシントン	北部
②	ジョージ・ワシントン	南部
③	トマス・ジェファーソン	北部
④	トマス・ジェファーソン	南部

注）ジョージ・ワシントン(George Washington)，トマス・ジェファーソン(Thomas Jefferson)

問27　国民国家の歴史に関する文章を読み，次の文章中の空欄 a ， b に当てはまる語の
組み合わせとして最も適当なものを，下の①〜④の中から一つ選びなさい。　**33**

国民国家は，「主権国家において，国民主権が確立している国家」を指し，アメリカ独立革命や，
フランス革命（French Revolution）などの「市民革命」を経て形成された概念である。

その中で，「主権・ a ・領域」という「国家の三要素」の概念も形成された。この動きは
b を経て統一されたドイツをはじめとしたヨーロッパを中心に波及していった。

	a	b
①	元首	ナポレオン戦争
②	元首	普仏戦争
③	国民	ナポレオン戦争
④	国民	普仏戦争

注）ナポレオン戦争（Napoleonic Wars），普仏戦争（Franco-Prussian War）

問28　20世紀までのアメリカの歴史に関する記述として最も適当なものを，次の①〜④の中か
ら一つ選びなさい。　**34**

①　独立当初，カリフォルニアを中心とした13州のみを領有していた。

②　モンロー教書（Monroe Doctrine）を発表して，ヨーロッパへの積極的な介入を打ち出
した。

③　米墨戦争（Mexican-American War）に勝利し，フロリダを領有した。

④　米西戦争（Spanish-American War）に勝利し，プエルトリコ（Puerto Rico）やフィリピ
ン（Philippines）などを領有した。

問29　19世紀半ばのヨーロッパ情勢に関する次の文章中の空欄　a　，　b　に当てはまる語の組み合わせとして最も適当なものを，下の①～④の中から一つ選びなさい。　**35**

　1848年，フランスの二月革命を皮切りに，ハンガリー(Hungary)やイタリア，ポーランド(Poland)で相次いで民族運動が発生し，　a　と呼ばれた。この運動自体はロシア(Russia)の介入によって押さえつけられたものの，　b　を崩壊させ，世界の秩序を変化させていった。

	a	b
①	プラハの春	ウィーン体制
②	プラハの春	ウェストファリア体制
③	諸国民の春	ウィーン体制
④	諸国民の春	ウェストファリア体制

　注）プラハの春(Prague Spring)，ウィーン体制(Vienna system)，ウェストファリア体制(Westphalian sovereignty)

問30　第一次世界大戦終戦から第二次世界大戦開戦までの期間に関する記述として**適当でないもの**を，次の①～④の中から一つ選びなさい。　**36**

① 第一次世界大戦後の戦後処理において，ドイツは領土の割譲や賠償金は請求されなかった。

② 列強各国の協調のもとで軍縮がおこなわれ，ワシントン会議(Washington Naval Conference)によって軍備が制限された。

③ ソ連(USSR)ではスターリン(Stalin)がレーニン(Lenin)の後継者として独裁体制を築いていった。

④ アメリカでは第一次世界大戦終戦後の経済成長によって工業化が進み，自動車が大衆化していった。

問31　第二次世界大戦の戦後処理に関する記述として最も適当なものを，次の①～④の中から一つ選びなさい。　　　　　　　　　　　　　　　　　　　　　　**37**

① イギリスのチャーチル (Winston Churchill)，アメリカのローズベルト (Franklin Roosevelt)，ソ連のスターリンの3者がカイロ (Cairo) で会談し，ヨーロッパの戦後体制について話し合った。

② 国際連合が設立され，本部はジュネーブ (Geneva) に置かれた。

③ ドイツは分割統治され，1990年まで分断国家の体制が続いた。

④ 日本はサンフランシスコ講和会議で独立を回復すると同時に国際連合に加盟した。

問32　第二次世界大戦後の日本における出来事A～Dを年代順に並べ替えたものとして正しいものを，次の①～④の中から一つ選びなさい。　　　　　　　　　　　　　　　　　**38**

A：日中平和友好条約の調印

B：沖縄返還

C：日本のOECD加盟

D：日本戦後最初のマイナス成長

① A→C→D→B

② C→B→D→A

③ D→B→A→C

④ D→C→A→B

総合科目の問題はこれで終わりです。解答欄の **39** ～ **60** はマークしないでください。

この問題冊子を持ち帰ることはできません。

実戦問題

解答時間 80分

問1　次の文章を読み，下の問い(1)～(4)に答えなさい。

　　₁ウルグアイ (Uruguay) は南米大陸に位置し一人当たりのGDPは南米の国家の中において高い水準を誇っている。ウルグアイではスペイン語が事実上の₂公用語となっているが，ごく一部にアラビア語話者が生活しており，他の南米諸国と比較して特筆すべき点である。政治体制は，1985年に軍事政権から民政に移管し，大統領を₃国家元首とする立憲共和制をとっている。

　　また，国際社会においては，1986年から開催された　a　のウルグアイ・ラウンド開催国として記憶されており，このラウンドの交渉によって貿易に関する国際機関が改組された。

(1)　下線部1に関して，ウルグアイの位置として最も適当なものを，次の地図中の①～④の中から一つ選びなさい。　　　　　　　　　　　　　　　　　　　　　　　　　　　　　　**1**

(2)　下線部 **2** に関して，スペイン語を公用語とする国として**適当でないもの**を，次の①～④の中から一つ選びなさい。　　　　　　　　　**2**

①　コスタリカ（Costa Rica）

②　チリ（Chile）

③　キューバ（Cuba）

④　ジャマイカ（Jamaica）

(3)　下線部 **3** に関して，国家元首を大統領とする国を，次の①～④の中から一つ選びなさい。　　　　　　　　　**3**

①　オーストラリア（Australia）

②　カナダ（Canada）

③　ドイツ（Germany）

④　スウェーデン（Sweden）

(4)　文章中の空欄 a に当てはまる国際機関として最も適当なものを，次の①～④の中から一つ選びなさい。　　　　　　　　　**4**

①　WHO

②　WTO

③　GATT

④　UNESCO

問2　次の文章を読み，下の問い(1)〜(4)に答えなさい。

　₁熊本県は海に面した地域では漁業が盛んな一方，世界でも有数の ☐a☐ を持つ阿蘇山とそれに関連する温泉が多く湧き出すなど，豊かな自然にも恵まれている。そのような観光資源を武器に，近年アジアを中心とした観光客が増加しているが，1950年代には ₂日本の四大公害病の一つが発生するという歴史も有している。

　また，政治の面では江戸時代から長く熊本を治めてきた細川家の末裔（まつえい）である細川護熙が1993年に内閣総理大臣に就任し，長く続いた ₃55年体制の終止符を打った。

(1)　下線部**1**に関して，熊本県の位置として正しいものを，次の地図中の①〜④の中から一つ選びなさい。　　　　　　　　　　　　　　　　　　　　　　　　　　　　　　5

(2)　文章中の空欄 ☐a☐ に当てはまる語として最も適当なものを，次の①〜④の中から一つ選びなさい。　　　　　　　　　　　　　　　　　　　　　　　　　　　　　　6

　①　フィヨルド

　②　U字谷

　③　カルデラ

　④　モレーン

(3)　下線部 **2** に関して，熊本県で発生した有機水銀が原因となった公害病として最も適当なものを，次の①～④の中から一つ選びなさい。　　　　　**7**

①　水俣病

②　ぜんそく

③　光化学スモッグ

④　イタイイタイ病

(4)　下線部 **3** に関して，55年体制に関する記述として最も適当なものを，次の①～④の中から一つ選びなさい。　　　　　**8**

①　野党第一党である日本社会党は常に与党と僅差の議席数だった。

②　野党の日本社会党と日本共産党は常に緊密な協力関係にあった。

③　内閣総理大臣はすべて，自由民主党から輩出された。

④　民主党が与党として大きな権力を握っていた。

問3　景気循環に関する記述として最も適当なものを，次の①～④の中から一つ選びなさい。　　　　　**9**

①　技術革新による50～60年を周期とする景気循環は，キチンの波と呼ばれる。

②　建設需要による20年を周期とする景気循環は，クズネッツの波と呼ばれる。

③　在庫調整による10年を周期とする景気循環は，コンドラチェフの波と呼ばれる

④　設備投資による3～4年を周期とする景気循環は，ジュグラーの波と呼ばれる。

問4　経済学者とその主張の組み合わせとして最も適当なものを，次の①～④の中から一つ選びなさい。　☐10

	経済学者	主張
①	ケインズ	イノベーションが経済発展の原動力
②	ベンサム	無知のベール
③	マルクス	人口抑制
④	アダム・スミス	自由放任

注) ケインズ (John Maynard Keynes), ベンサム (Jeremy Bentham), マルクス (Karl Marx), アダム・スミス (Adam Smith)

問5　次の表はA国とB国でパンと自動車をそれぞれ1単位生産するために必要な労働量を表したものである。A国には17万人の労働者が，B国には22万人の労働者が存在しており，各国ではパンと自動車を生産している。比較生産費説に基づく考え方の記述として最も適当なものを，下の①～④の中から一つ選びなさい。　☐11

	パン	自動車
A国	8人	9人
B国	12人	10人

① A国は自動車の生産に特化し，B国はパンの生産に特化することで，両国全体で自動車の生産量は増やすことができるが，パンの生産量は増加しない。

② A国はパンの生産に特化し，B国は自動車の生産に特化することで，両国全体でパンの生産量は増やすことができるが，自動車の生産量は増加しない。

③ A国は自動車の生産に特化し，B国はパンの生産に特化することで，両国全体で合計の生産量を増やすことができる。

④ A国はパンの生産に特化し，B国は自動車の生産に特化することで，両国全体で合計の生産量を増やすことができる。

問6　株式会社に関する記述として正しいものを，次の①～④の中から一つ選びなさい。

12

①　取締役の選任は，株主総会で決定される。

②　社員は，自社の株主になることができない。

③　株式会社の株式は，原則として自由に譲渡できない。

④　株主は，取締役会に出席する権利がある。

問7　三面等価の原則に関する次の文章中の空欄 a ，b に当てはまる語の組み合わせとして最も適当なものを，下の①～④の中から一つ選びなさい。

13

三面等価の原則とは，生産国民所得・分配国民所得・ a 国民所得のそれぞれが等価であるという原則である。これはつまり，生産されたすべてのサービスや製品は必ず誰かの所得として分配されるということを表しており，生産国民所得は b として表される。

	a	b
①	消費	固定資本減耗
②	消費	国内総生産
③	支出	固定資本減耗
④	支出	国内総生産

問8　日本の国民所得に含まれるものとして最も適当なものを，次の①～④の中から一つ選びなさい。

14

①　地下経済の付加価値

②　キャピタルゲイン

③　主婦の家事労働

④　持ち家の家賃相当分

問9　A社のある年のアメリカ支社の売上は300万米ドルで，当時のレートで日本円に直すと3億6,000万円だった。A社の翌年のアメリカ支社の売上は米ドルで前年比150%となったが，日本円に直すと前年と変わらなかった。このときの為替レートとして最も適当なものを，次の①〜④の中から一つ選びなさい。　　　　　　　15

①　1ドル＝75円

②　1ドル＝80円

③　1ドル＝100円

④　1ドル＝120円

問10　市中銀行が預金の貸し出しによって，預金通貨を創造できる現象として最も適当なものを，次の①〜④の中から一つ選びなさい。　　　　　　　16

①　貸し倒れ

②　当座貸越

③　貸し渋り

④　信用創造

問11　家計の経済活動に関する記述として<u>適当でないもの</u>を，次の①〜④の中から一つ選びなさい。　　　　　　　17

①　消費税が増税すると，家計の消費支出が減少する。

②　家計の所得が減少すると，消費支出に占める食料費の割合は増加する。

③　景気が好況になると，家計の消費支出は増加する。

④　家計が保有する不動産の価値が下落すると，消費支出は増加する。

問12　戦後の日本経済に関する記述として最も適当なものを，次の①〜④の中から一つ選びなさい。　**18**

①　IMF8条国に移行したことをきっかけに，変動為替相場制に移行した。

②　GATT11条国に移行し，原則として輸出入量制限をおこなわなくなった。

③　東京オリンピックをきっかけに，高度経済成長時代は終焉を迎えた。

④　戦後日本の高度経済成長期は，サービス業の急速な発展によって支えられた。

問13　国際的な経済の連携強化に関する次の文章中の空欄 a ， b に当てはまる語の組み合わせとして最も適当なものを，下の①〜④の中から一つ選びなさい。　**19**

a は貿易の自由化に加え，人や財産の移動など，さまざまな分野における幅広い経済関係の強化を目的とする協定である。日本が2018年に署名した b もその一部であるが，その後，アメリカが離脱し，その有効性が疑問視されている。

	a	b
①	EPA	TPP
②	EPA	USMCA
③	FTA	TPP
④	FTA	USMCA

問14 南米大陸とアフリカ大陸の位置関係として最も適当なものを，次の地図中の①～④の中から一つ選びなさい。 20

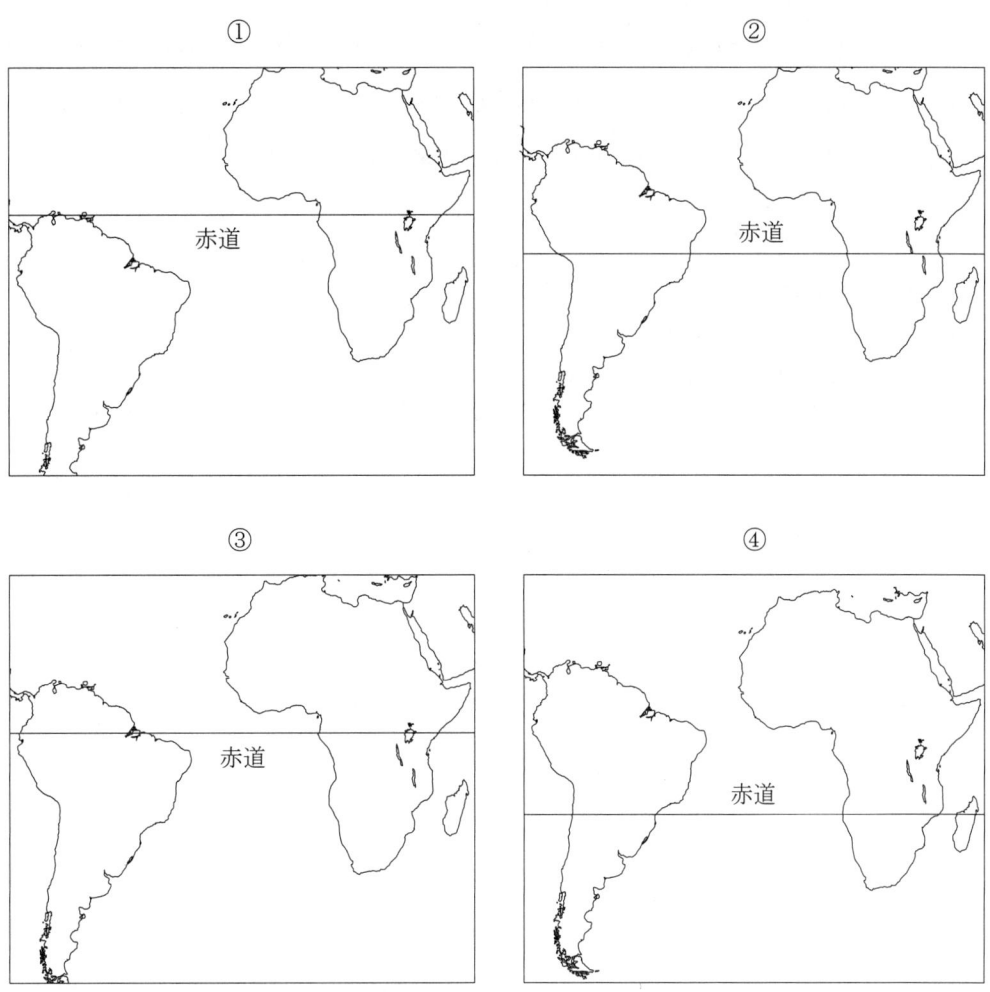

① ② ③ ④

問15 時差に関する次の文章中の空欄 a ， b に当てはまる語の組み合わせとして最も適当なものを，下の①～④の中から一つ選びなさい。　**21**

　2019年9月28日18時に東京を出た飛行機は12時間のフライトを経て，時差17時間のアメリカのロサンゼルス (Los Angeles) に現地時間 a に到着した。一方で，帰りのフライトには14時間かかったという。これは b と呼ばれる風の影響が大きい。

	a	b
①	2019年9月28日13時	貿易風
②	2019年9月28日13時	ジェット気流
③	2019年9月29日23時	貿易風
④	2019年9月29日23時	ジェット気流

問16 カルスト地形に関する記述として最も適当なものを，次の①～④の中から一つ選びなさい。　**22**

① 山が氷河によって削られてできた地形であり，寒冷地に多く分布する。

② 石灰岩などが水に溶けてできた地形であり，鍾乳洞などを伴う。

③ 火山の火口の周囲にできる地形であり，湖ができることがある。

④ ヨーロッパを中心に分布しており，アジアでは見られない。

問17 新期造山帯と古期造山帯の組み合わせとして<u>正しくないもの</u>を，次の①〜④の中から一つ選びなさい。

	新期造山帯	古期造山帯
①	ロッキー山脈	ウラル山脈
②	アンデス山脈	アルタイ山脈
③	アパラチア山脈	大分水嶺山脈
④	アルプス山脈	スカンジナビア山脈

注）ロッキー山脈 (Rocky Mountains)，ウラル山脈 (Ural Mountains)，アンデス山脈 (Andes)，アルタイ山脈 (Altai Mountains)，アパラチア山脈 (Appalachian Mountains)，大分水嶺山脈 (Great Dividing Range)，アルプス山脈 (Alps)，スカンジナビア山脈 (Scandinavian Mountains)

問18 次のグラフは2018年のインドネシア (Indonesia)，ナイジェリア (Nigeria)，メキシコ (Mexico)，ブラジル (Brazil) の人口と面積を示したものである。グラフ中のA〜Dに当てはまる国名の組み合わせとして最も適当なものを，下の①〜④の中から一つ選びなさい。

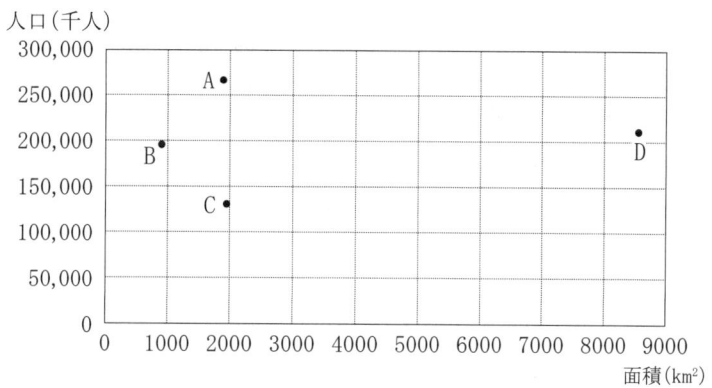

『世界国勢図会　2018/19年版』より作成

	A	B	C	D
①	メキシコ	ブラジル	ナイジェリア	インドネシア
②	インドネシア	ナイジェリア	メキシコ	ブラジル
③	ブラジル	インドネシア	ナイジェリア	メキシコ
④	ナイジェリア	ブラジル	メキシコ	インドネシア

問19　次の表は，ある一院制を採用する国の国政選挙の結果を示すものである。14名の大臣ポストを獲得議席数に応じて配分する。各政党が自党の大臣数を最大にするための政権の組み合わせとして最も適当なものを，下の①〜④の中から一つ選びなさい。　**25**

政党	議席数
A党	55
B党	35
C党	30
D党	25
E党	5

① 　A党の単独政権

② 　A，D両党の連立政権

③ 　B，C両党の連立政権

④ 　B，D，E三党の連立政権

問20　直接民主制に関する次の文章を読み，文章中の空欄 a ，b に当てはまる語の組み合わせとして最も適当なものを，下の①〜④の中から一つ選びなさい。　**26**

　直接民主制の原理は，イニシアティブ（住民発案，国民発案），a ，レファレンダム（住民投票，国民投票）の3つである。このうち，レファレンダムは間接民主制をとる日本でもおこなわれることがあり，憲法改正の場合は国会での発議を経て，国民投票で b の賛成が必要とされている。

	a	b
①	リコール	過半数
②	リコール	3分の2以上
③	オストラシズム	過半数
④	オストラシズム	3分の2以上

問21　日本の委員会制についての記述として最も適当なものを，次の①〜④の中から一つ選びなさい。　**27**

①　委員会の審議は少人数でおこなわれ，審議に参加する委員は特定分野の専門知識を持つ傾向がある。

②　法案は両議院の委員会で可決された場合，本会議での審議は省略され，法案が法律になる。

③　内閣総理大臣は国会の委員会から選ばれ，すべての国会議員は少なくとも1つの委員会に属する。

④　内閣不信任案が衆議院で可決されると，衆議院の常任委員会に属する閣僚は必ず総辞職する。

問22　日本の地方自治に関する記述として最も適当なものを，次の①〜④の中から一つ選びなさい。　**28**

①　地方議会は自治体の長に対して不信任決議権を有する一方，解散されることもある。

②　地方議会は一院制を採用し，憲法に違反しない限り域内で法律を制定することができる。

③　地方議会第一党の党首は，地方自治体の長に就任し，議会に対して連帯責任を負う。

④　地方裁判所の裁判官は，地方自治体の長が指名し，国会が承認する。

問23　日本の裁判所は最高裁判所と下級裁判所の二種類に分類される。下級裁判所に含まれるものとして**適当でないもの**を，次の①〜④の中から一つ選びなさい。　**29**

①　簡易裁判所

②　高等裁判所

③　家庭裁判所

④　弾劾裁判所

問24　イギリス（UK）の政治制度に関する記述として最も適当なものを，次の①～④の中から一つ選びなさい。　　　　**30**

①　首相は国王の任命によって選ばれるため，超然内閣制を採用している。

②　政権の交代に備え，野党第一党は影の内閣を組織することができる。

③　単純小選挙区制度を採用し，共和党と保守党の二大政党制となっている。

④　庶民院と貴族院の二院制を採用し，貴族院が首相指名で庶民院に優越する。

問25　日本において黙秘権は次のどの権利に含まれるか。最も適当なものを，次の①～④の中から一つ選びなさい。　　　　**31**

①　自由権

②　社会権

③　プライベート権

④　自己決定権

問26　EUの歴史に関する次の文章中の空欄 a ， b に当てはまる語の組み合わせとして最も適当なものを，下の①～④の中から一つ選びなさい。　　　　**32**

　1993年， a によってECを前身としてEUが発足した。以降，EUはその加盟国を増加させ，統一通貨ユーロの導入など欧州の統合を進めていった。一方で，EU加盟国である b を中心とした経済危機による各国の歩調の乱れやイギリスの離脱といった課題に直面し，曲がり角を迎えている。

	a	b
①	ローマ条約	ギリシャ
②	ローマ条約	アイスランド
③	マーストリヒト条約	ギリシャ
④	マーストリヒト条約	アイスランド

注）アイスランド（Iceland）

問27　南アフリカ (South Africa) の歴史に関する次の文章中の空欄 a ， b に当てはまる語の組み合わせとして最も適当なものを，下の①〜④の中から一つ選びなさい。　**33**

　南アフリカはその成立の経緯から a と呼ばれる激しい人種隔離政策が展開され，黒人が厳しい差別を受けていた。この政策に対して抵抗を続けていた b が1994年に大統領に就任し，a は完全に制度としては消滅し民族融和のための取り組みが続けられている。

	a	b
①	カースト制	ツツ大司教
②	カースト制	ネルソン・マンデラ
③	アパルトヘイト	ツツ大司教
④	アパルトヘイト	ネルソン・マンデラ

注）ツツ大司教 (Desmond Mpilo Tutu)，ネルソン・マンデラ (Nelson Mandela)

問28　ナポレオン1世 (Napoleon Bonapart) に関する記述として最も適当なものを，次の①〜④の中から一つ選びなさい。　**34**

① イギリス海軍を破り，ヨーロッパの全土を手中に収めた。

② 民法典を制定し，世界で初めて労働者の社会権を明記した。

③ 大陸封鎖令を破ったロシアへの遠征をおこない，失敗した。

④ ワーテルローの戦いで敗れ，神聖ローマ帝国の復活を認めた。

問29　次の文章を読み，文章中の空欄 a ， b に当てはまる語の組み合わせとして最も適当なものを，下の①～④の中から一つ選びなさい。 **35**

　1814年に開かれた a が主宰した b によって，フランス（France）のブルボン王朝復活など，保守反動的な体制が定められた。この体制下でロシア（Russia）は「ヨーロッパの憲兵」として，ヨーロッパ各国の自由主義とナショナリズムを抑圧した。

	a	b
①	ビスマルク	ウィーン会議
②	ビスマルク	ヴェルサイユ会議
③	メッテルニヒ	ウィーン会議
④	メッテルニヒ	ヴェルサイユ会議

　注）ビスマルク（Otto von Bismarck），メッテルニヒ（Klemens von Metternich），ウィーン会議（Congress of Vienna），ヴェルサイユ会議（Paris Peace Conference）

問30　第一次世界大戦の同盟国陣営の国家として **適当でないもの** を，次の①～④の中から一つ選びなさい。 **36**

①　日本

②　ドイツ

③　トルコ（Turkey）

④　ブルガリア（Bulgaria）

問31　1980年代末から1990年代にかけて東欧諸国の民主化に関する記述として最も適当なものを，次の①～④の中から一つ選びなさい。 **37**

① ユーゴスラビア (Yugoslavia) のティトー (Tito) が暗殺され，内戦が始まり，ユーゴスラビアは解体が進行した。

② ルーマニア (Romania) で民主化を求めるデモが激化し，チャウシェスク大統領 (Ceauşescu) 夫妻が処刑された。

③ ソ連 (USSR) が解体し，それに伴ってベルリンの壁 (Berlin Wall) が崩壊した。

④ チェコスロバキア (CzechoSlovakia) がワルシャワ条約機構との激しい戦争の末，分離独立を実現した。

問32　冷戦期に起きた出来事であるA～Dを年代順に並べたものとして正しいものを，次の①～④の中から一つ選びなさい。 **38**

A：部分的核実験停止条約 (PTBT) の締結
B：ベルリン封鎖
C：フルシチョフによるスターリン批判
D：ニクソンの中国訪問

① A→C→D→B

② A→D→B→C

③ B→C→A→D

④ B→D→C→A

総合科目の問題はこれで終わりです。解答欄の **39** ～ **60** はマークしないでください。

この問題冊子を持ち帰ることはできません。

第**8**回

実戦問題

解答時間 80分

正解と得点分布図確認

QRコードを読み取っ
てオンライン解答用
紙に解答を記入し、正
解と得点分布を確認
してください。

問1　次の文章を読み，下の問い(1)〜(4)に答えなさい。

　アメリカ (USA) は建国以来，その広大な国土と豊かな資源を背景に，瞬く間に世界の超大国へと成長していった。国土の面積は広く，多様な気候や地理を有している。例えば，₁シカゴ (Chicago) では最寒月の平均気温が摂氏0度を下回る一方，マイアミ (Miami) では最寒月でも平均気温が摂氏20度を下回ることはない。

　また，アメリカは世界第1位の輸入国であると同時に，世界第2位の₂輸出国であり，世界経済に大きな影響を与えている。アメリカはその建国の過程から，₃特徴的な政治制度を採用しており，その一例として大統領の三選禁止があるが，₄フランクリン・ローズベルト (Franklin Delano Roosevelt) のみが唯一3期を超えて大統領となっている。

(1)　下線部**1**に関して，シカゴの位置として最も適当なものを，次の地図中の①〜④の中から一つ選びなさい。　　　　　　　　　　　　　　　　　　　　　　　　　　　**1**

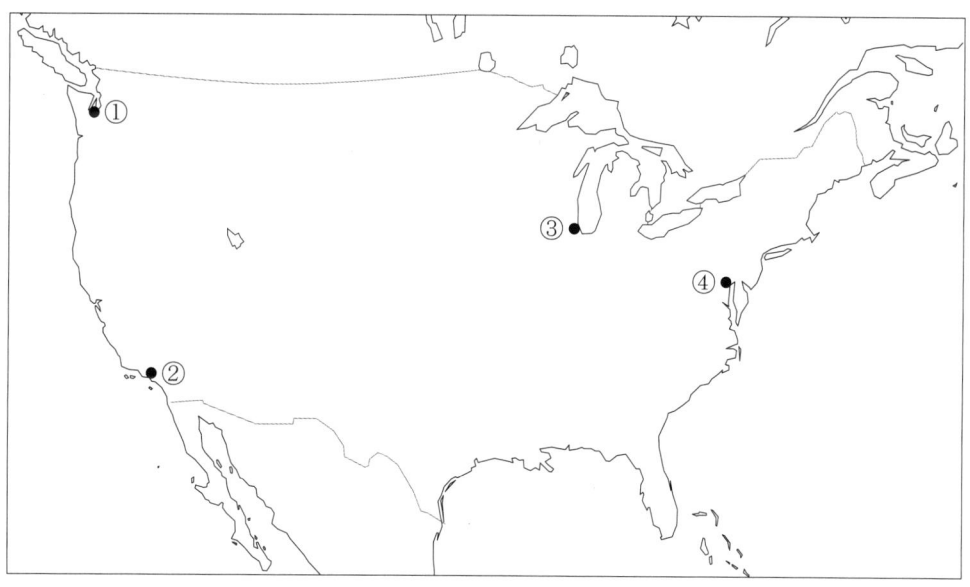

(2)　下線部 **2** に関して，次の表は2016年のアメリカの輸出品目の上位を表したものである。

表中のAに当てはまる輸出品目として最も適当なものを，下の①〜④の中から一つ選びな

さい。　**2**

	輸出品目	輸出額（百万ドル）
第1位	機械類	365,677
第2位	A	120,361
第3位	石油製品	66,140
第4位	精密機械	65,326
第5位	医薬品	51,555
第6位	プラスチック	45,102

『世界国勢図会　2018/19年版』より作成

①　船舶

②　衣類

③　レアアース

④　自動車

(3)　下線部 **3** に関して，アメリカの政治制度に関する記述として最も適当なものを，次の①

〜④の中から一つ選びなさい。　**3**

①　連邦制が採用され，大統領の権力は強力で，行政権は大統領に属する。

②　中央集権が進んでおり，各州が法律を制定することはできない。

③　連邦議会の下院に優先権があり，法案審議において下院の決定が優越する。

④　大統領は議会に対して法律案を提出することができる。

(4)　下線部 **4** に関して，フランクリン・ローズベルト以降の4人の大統領A〜Dを就任の年代順に並べ替えたものとして正しいものを，次の①〜④の中から一つ選びなさい。　[4]

A：リンドン・ジョンソン (Lyndon Baines Johnson)

B：ドワイド・アイゼンハワー (Dwight D. Eisenhower)

C：ジョン・F・ケネディ (John F. Kennedy)

D：ハリー・S・トルーマン (Harry S. Truman)

① A→C→D→B

② D→C→B→A

③ D→B→C→A

④ B→D→A→C

問2　次の文章を読み，下の問い(1)〜(4)に答えなさい。

　オーストラリア (Australia) はオセアニア (Oceania) 最大の国家として，₁国内の豊富な地下資源を背景に発展し，シドニー (Sydney) や₂メルボルン (Melbourne) など世界でも有数の都市を有している。

　一方で，イギリス (UK) の植民地として発展する中で，先住民であるアボリジニ (Aborigine) などの人々を迫害する歴史が続き，20世紀後半まで白豪主義と呼ばれる人種差別的な政策がとられてきたが，近年は₃多文化主義と呼ばれるそれぞれの文化を尊重する人種融合政策に転換し，さまざまな人種の移民の受け入れもおこなっている。

　また，オーストラリアの₄政治制度は旧宗主国であるイギリスの影響を強く受けている。

⑴　下線部 **1** に関して，次の表は2015年の世界全体の石炭，鉄鉱石，ニッケル，金の生産量におけるオーストラリアの順位とシェアを表したものである。表中で鉄鉱石を表すものとして最も適当なものを，下の①〜④の中から一つ選びなさい。　**5**

	オーストラリアの順位	シェア
①	第4位	6.4%
②	第4位	9.7%
③	第2位	9.0%
④	第1位	34.7%

『世界国勢図会　2018/19年版』より作成

⑵　下線部 **2** に関して，メルボルンの位置として正しいものを，次の地図中の①〜④の中から一つ選びなさい。　**6**

⑶　下線部 **3** に関して，多文化主義を採用している国として<u>適当でないもの</u>を，次の①〜④の中から一つ選びなさい。　**7**

①　サウジアラビア (Saudi Arabia)

②　スウェーデン（Sweden）

③　カナダ (Canada)

④　オーストラリア

⑷　下線部 **4** に関して，オーストラリアとイギリスの政治制度に共通する点に関する記述として最も適当なものを，次の①～④の中から一つ選びなさい。　　8

① 両国ともに成文憲法を持ち，その改正は容易な軟性憲法である。

② 上下院が同等の権力を持ち，予算案の承認に関しても両院の承諾が必要である。

③ 議会での信任によって内閣が存立する議院内閣制が採用されている。

④ 首相は国民投票によって選出され，大統領が首相を任命する。

問3　次の図は労働市場における労働需要曲線と労働供給曲線を表したものである。この図において，政府が最低実質賃金を W_0 から W_1 に引き上げた時に発生することとして最も適当なものを，下の①～④の中から一つ選びなさい。　　9

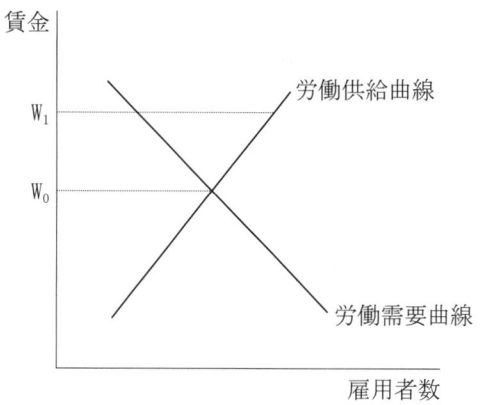

① 雇用の拡大

② 移民の流入

③ 失業者の増加

④ インフレーションの発生

問4　経済学者の主張に関する次の文章を読み，文章中の空欄 $\boxed{\text{a}}$ ， $\boxed{\text{b}}$ に当てはまる語の
　　　組み合わせとして最も適当なものを，下の①〜④の中から一つ選びなさい。　$\boxed{\textbf{10}}$

「最大多数の最大幸福」を原理とし，人間や社会の最大目的を幸福とする学説を $\boxed{\text{a}}$ と呼び，
イギリスの $\boxed{\text{b}}$ やJ.S. ミルに代表される。

	a	b
①	古典主義	リスト
②	古典主義	ベンサム
③	功利主義	リスト
④	功利主義	ベンサム

注) リスト (Friedrich List)，ベンサム (Jeremy Bentham)

問5　1990年代以降の日本経済に関する記述として最も適当なものを，次の①〜④の中から一
　　　つ選びなさい。　$\boxed{\textbf{11}}$

① フリー・フェア・グローバルを3原則とする金融ビッグバンと呼ばれる政策が展開された。

② 政府は経営危機に陥った金融機関を救済するため，業界への管理を強める護送船団方
　　式を導入した。

③ 銀行の不良債権問題が表面化したが，政府の強力な保護により，金融機関の破綻は1
　　件もなかった。

④ アジア通貨危機 (Asian Financial Crisis) の影響を受けて日本円が暴落し，バブル
　　経済が崩壊した。

問6　物価に関する次の文章を読み，文章中の空欄 a ， b に当てはまる語の組み合わせ
として最も適当なものを，下の①〜④の中から一つ選びなさい。 **12**

　物価の上昇と a が同時に発生することを b と呼び，日本では1970年代のオイルショッ
ク後に発生した。

	a	b
①	好景気	デフレスパイラル
②	好景気	スタグフレーション
③	不況	デフレスパイラル
④	不況	スタグフレーション

問7　次の表は2016年の日本・アメリカ・フランス（France）・スウェーデンの租税負担率と
社会保障負担率を表したものである。表中のA〜Dに当てはまる国名の組み合わせとして
最も適当なものを，下の①〜④の中から一つ選びなさい。 **13**

	租税負担率	社会保障負担率
A	40.8%	26.5%
B	25.1%	17.7%
C	24.7%	8.4%
D	53.6%	5.2%

財務省ホームページより作成

	A	B	C	D
①	スウェーデン	日本	フランス	アメリカ
②	フランス	日本	アメリカ	スウェーデン
③	日本	アメリカ	スウェーデン	フランス
④	アメリカ	フランス	スウェーデン	日本

問8 「市場の失敗」の事例として**適当でないもの**を，次の①～④の中から一つ選びなさい。

14

① 他社との差別化が難しい産業において，過当競争が生じ，利潤が低下する。

② 工場の排気ガスによって，大気汚染が発生する。

③ 大型マンションの建設によって，駅が混雑する。

④ 未納税者でも公共サービスを受ける対象となる。

問9 次の三角図はある国の産業別の人口割合を表したものである。この国の産業が高度化していく際に，割合が変化する方向として最も適当なものを，下の図中の①～④の中から一つ選びなさい。

15

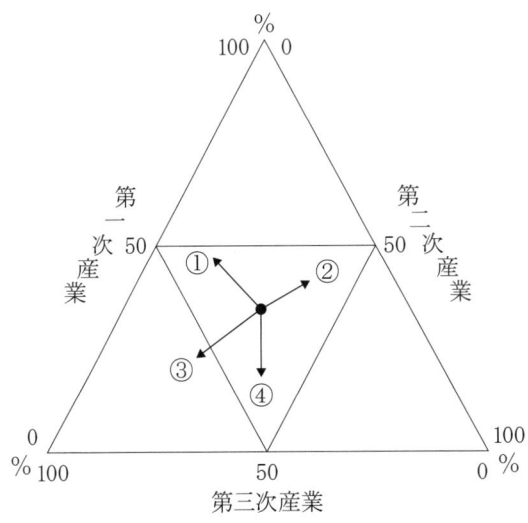

問10　次の表は2017年の二酸化炭素排出量の上位国を表したものである。表中のAに当てはまる国として最も適当なものを，下の①〜④の中から一つ選びなさい。　**16**

順位	国名	総排出量（百万トン）
1	中国	9040.7
2	アメリカ	4997.5
3	A	2066.0
4	ロシア	1469.0
5	日本	1141.6
6	ドイツ	729.8

国際エネルギー機関（IEA）のデータより作成
注）中国（China），ロシア（Russia），ドイツ（Germany）

①　インド（India）

②　サウジアラビア

③　韓国（South Korea）

④　モンゴル（Mongolia）

問11　国債に関する次の文章を読み，文章中の空欄　a　，　b　に当てはまる語の組み合わせとして最も適当なものを，下の①〜④の中から一つ選びなさい。　**17**

　日本において発行された国債を　a　が引き受けることは禁止されている。その理由は，　a　が国債を引き受けた場合，市中の通貨量のバランスを崩し，　b　を発生させてしまうためである。

	a	b
①	日本銀行	デフレーション
②	日本銀行	インフレーション
③	市中銀行	デフレーション
④	市中銀行	インフレーション

問12　日本の社会保障関連費が増大している理由に関する記述として**適当でないもの**を，次の①～④の中から一つ選びなさい。　**18**

① 　平均寿命が上昇しているため

② 　国民皆保険制度により，社会保障関連費における自己負担の割合が少ないため

③ 　出生率が大きく上昇し，子育てに関連する補助金などが増加したため

④ 　高齢化に伴い社会保障の費用は増え続けているため

問13　1960年に結成されたEFTAの原加盟国として正しいものを，次の①～④の中から一つ選びなさい。　**19**

① 　フランス

② 　スペイン（Spain）

③ 　ドイツ

④ 　イギリス

問14 フィヨルドが**見られない場所**として最も適当なものを，次の地図中の①～④の中から一つ選びなさい。 **20**

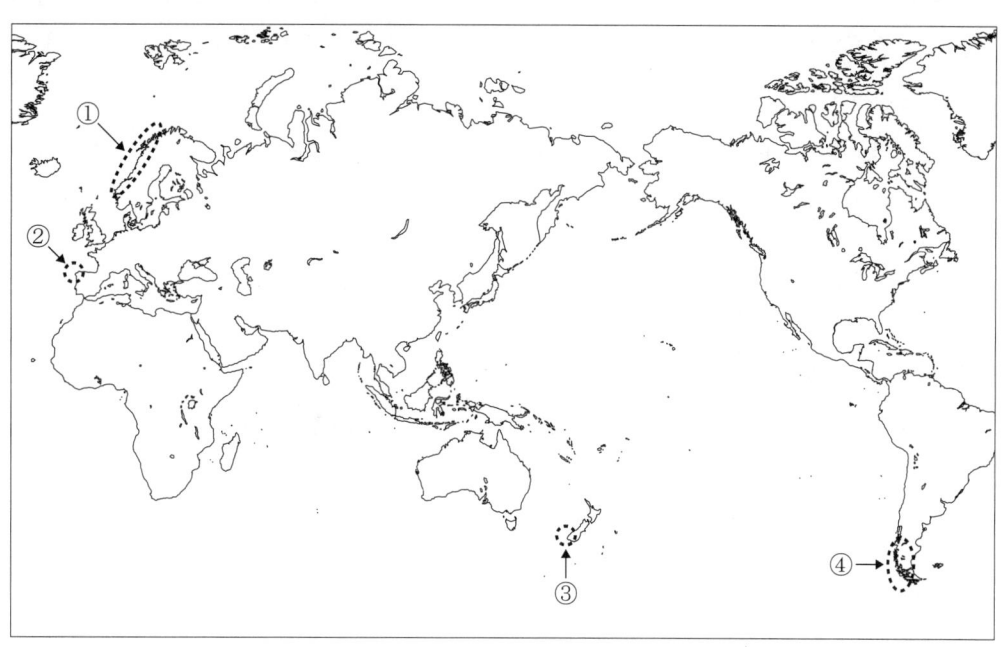

問15 地中海性気候に関する次の文章を読み，文章中の空欄 a ， b に当てはまる語の組み合わせとして最も適当なものを，下の①～④の中から一つ選びなさい。 **21**

地中海性気候は地中海沿岸のみならず， a にも広がっている。この地域では気候を生かして b の生産が盛んである。

	a	b
①	南米大陸南西部の沿岸	コメ
②	南米大陸南西部の沿岸	ワイン
③	オーストラリア大陸の東海岸	コメ
④	オーストラリア大陸の東海岸	ワイン

問16 植生に関する記述として最も適当なものを，次の①～④の中から一つ選びなさい。

① ジャングル（jungle）は東南アジアに広がるチェルノーゼム（Black soil）地帯を指す。

② タイガ（taiga）とは，ユーラシア大陸，北アメリカ大陸の北部に発達する針葉樹林帯を指す。

③ パンパ（pampa）とは，ブラジル（Brazil）を中心に広がる熱帯雨林地域を指す。

④ セルバ（selva）はアルゼンチン（Argentina）からウルグアイ（Uruguay）に広がる草原地帯を指す。

問17 メルカトル図法に関する次の文章を読み，文章中の空欄 a ， b に当てはまる語の組み合わせとして最も適当なものを，下の①～④の中から一つ選びなさい。

23

メルカトル図法では地図上の2点間の a を正しく表すことができるため，海図に利用されてきた。一方で b ほど，緯線の間が広くなるという欠点があるため，面積を正しく表すことができない。

	a	b
①	角度	低緯度
②	角度	高緯度
③	距離	低緯度
④	距離	高緯度

問18 12月31日の18時に東京（UCT＋9）を出発した飛行機が，ホノルル（Honolulu）（UCT－10）に7時間のフライトを経て到着した。このときの現地時間として最も適当なものを，次の①～④の中から一つ選びなさい。

① 12月31日6時

② 12月31日16時

③ 12月31日23時

④ 1月1日6時

問19　社会契約論に関する次の文章を読み，文章中の空欄　a　，　b　に当てはまる語の組み
合わせとして最も適当なものを，下の①〜④の中から一つ選びなさい。　**25**

『社会契約論』は　a　が18世紀に著したものであり，人民主権など民主主義に基づく社会契
約説を説く内容であった。この思想は　b　に大きな影響を与えた。

	a	b
①	ルソー	名誉革命
②	ルソー	フランス革命
③	ホッブズ	名誉革命
④	ホッブズ	フランス革命

注）ルソー (Jean-Jacques Rousseau)，ホッブズ (Thomas Hobbes)，名誉革命 (Glorious Revolution)，
フランス革命 (French Revolution)

問20　国際人権保障の歴史に関する記述として**適当でないもの**を，次の①〜④の中から一つ選
びなさい。　**26**

①　世界で初めて女性の参政権を認めた国は，ニュージーランド (New Zealand) である。

②　ワイマール憲法 (Weimar Constitution) は，世界で最初に労働者の団結権などの社
会権の保障を明記した。

③　国際人権規約は世界人権宣言の内容を具体化したものであるが，法的拘束力がない。

④　第二次世界大戦中，アメリカ大統領フランクリン・ローズベルトが「4つの自由」を
提唱した。

問21　日本の国会に関する記述として最も適当なものを，次の①〜④の中から一つ選びなさい。
27

①　「常会」（通常国会）は毎年定期的に開かれる。

②　「臨時会」（臨時国会）は首相を選出するために開かれる。

③　「特別会」（特別国会）は予算を補正するために開かれる。

④　「緊急集会」は必要があると天皇が判断し，衆議院を召集する。

問22　日本の内閣に関する記述として最も適当なものを，次の①〜④の中から一つ選びなさい。

28

① 　内閣総理大臣は，国会議員を兼ねることができない。

② 　内閣は行政権を握り，他の国との条約を締結することができる。

③ 　内閣は一部の司法権を有し，裁判官弾劾裁判所を設置することができる。

④ 　内閣不信任決議が可決された場合，内閣は即座に総辞職しなければならない。

問23　日本の司法に関する記述として最も適当なものを，次の①〜④の中から一つ選びなさい。

29

① 　一事不再理の原則があるため，冤罪の場合でも再び裁判を受けることは認められない。

② 　日本国憲法では法定化されていない罪は問えず，刑罰を科すことはできないとされている。

③ 　日本国憲法では行為時に適法であった行為でも，後に刑罰が定められた場合，遡って処罰することができるとされている。

④ 　日本は国際人権規約に署名したため，死刑制度は日本国内で廃止された。

問24　ロシアの政治制度に関する次の文章を読み，文章中の空欄　a　，　b　に当てはまる語の組み合わせとして最も適当なものを，下の①〜④の中から一つ選びなさい。

30

　ロシアは，強大な権力を有する　a　が元首であり，国民投票による直接選挙によって選出される仕組みである。一方で，ロシアの前身である旧ソ連（USSR）時代は，　b　が共産党による一党独裁体制のもとで指導的役割を果たす，ソビエト制度と呼ばれる独自の政治体制であった。

	a	b
①	首相	書記長
②	首相	国家主席
③	大統領	書記長
④	大統領	国家主席

問25 圧力団体に関する記述として最も適当なものを，次の①〜④の中から一つ選びなさい。

31

① 圧力団体そのものが政党になる場合がある。

② 日本における「族議員」は圧力団体とは関係がない。

③ 圧力団体は，政権の獲得を目的として活動している。

④ 圧力団体は，政策に影響を与えるためロビー活動をおこなう。

問26 選挙と政党制度に関する記述として最も適当なものを，次の①〜④の中から一つ選びなさい。

① 多党制を採用しない国では，独裁体制に陥りやすい。

② クォータ制を採用する国では，女性の政治への進出が制度で保障されている。

③ 比例代表制を採用する国では，強力な政治を推し進める政権が成立しやすい。

④ 議会で少数派にも発言の機会を与えることができる制度が小選挙区制である。

問27 社会権に関する次の文章を読み，文章中の空欄 a ， b に当てはまる語の組み合わせとして最も適当なものを，下の①〜④の中から一つ選びなさい。

　社会権は「人間が人間らしく生きる権利」として20世紀に誕生した概念であり，ドイツの a において初めて保障された。日本国憲法第 b 条において，「すべて国民は，健康で文化的な最低限度の生活を営む権利を有する」として保障されている。

	a	b
①	ビスマルク憲法	9
②	ビスマルク憲法	25
③	ワイマール憲法	9
④	ワイマール憲法	25

注）ビスマルク憲法(Constitution of the German Empire)

問28　イタリア（Italy）統一に関する次の文章を読み，文章中の空欄 a ， b に当てはまる語の組み合わせとして最も適当なものを，下の①〜④の中から一つ選びなさい。

34

　中世以降，各地に諸勢力が点在していたイタリアは18世紀末の a の侵攻によって，一時的に統一が図られた。しかし， a 没落後のウィーン（Vienna）体制で再び諸勢力が乱立する形となった。その後，19世紀後半，再びイタリア統一運動が高まり，南イタリアをまとめた b が統治権をヴィットーリオ＝エマヌエーレ2世に譲渡することで，イタリア王国が成立した。

	a	b
①	カール大帝	ガリバルディ
②	カール大帝	ムッソリーニ
③	ナポレオン1世	ガリバルディ
④	ナポレオン1世	ムッソリーニ

注）カール大帝（Charlemagne），ナポレオン1世（Napoléon Bonaparte），ガリバルディ（Giuseppe Maria Garibaldi），ムッソリーニ（Benito Amilcare Andrea Mussolini）

問29　第一次世界大戦に関する記述として最も適当なものを，次の①〜④の中から一つ選びなさい。

35

①　ウィーンでオーストリア（Austria）皇太子夫妻が暗殺され，戦争が勃発した。

②　アメリカは開戦当初から参戦し，西部戦線でロシア軍と激しい戦闘を繰り広げた。

③　日本は日仏同盟に基づいて参戦を決定し，中国山東省におけるドイツ権益を獲得した。

④　大戦中のロシアでは十月革命が勃発し，ソビエト政権が成立した。

問30　ヒトラー(Adolf Hitler)に関する記述として最も適当なものを，次の①〜④の中から一つ選びなさい。　**36**

①　ミュンヘン一揆を起こしたものの失敗し，その獄中で『我が闘争』(Mein Kampf)を著した。

②　国会議事堂放火事件をチェコスロバキア(CzechoSlovakia)の責任として，ズデーテン地域の侵攻に踏み切った。

③　ラインラント(Rhineland)進駐を実行したことが契機となり，第二次世界大戦が開戦することとなった。

④　ナチス・ドイツ(Nazis)の勢力の拡大を続け，一時はロンドン(London)を占領した。

問31　第二次世界大戦後のアジア諸国に関する記述として最も適当なものを，次の①〜④の中から一つ選びなさい。　**37**

①　日本は，朝鮮戦争の特需によって輸出が伸び，不況から脱することができた。

②　中国は孫文(Sun Yat-sen)主導のもと，中華民国を成立した。

③　フィリピン(Philippines)はスペインから独立し，開発独裁のもとで発展した。

④　シンガポール(Singapore)はネルー(Jawaharlal Nehru)の指導のもと，フランスから独立した。

問32　冷戦期の出来事であるA～Dを年代順に並べ替えたものとして正しいものを，次の①～

④の中から一つ選びなさい。　　　　　　　　　　　　　　　　　　　　　　　　38

A：非同盟諸国首脳会議の開催

B：サンフランシスコ講和条約の締結

C：ワルシャワ条約機構の成立

D：日ソ共同宣言の署名

① 　C→D→B→A

② 　D→B→A→C

③ 　B→C→D→A

④ 　B→A→C→D

総合科目の問題はこれで終わりです。解答欄の **39** ～ **60** はマークしないでください。

この問題冊子を持ち帰ることはできません。

第**9**回

実戦問題
解答時間 80分

正解と得点分布図確認

QRコードを読み取っ
てオンライン解答用
紙に解答を記入し、正
解と得点分布を確認
してください。

問1 次の文章を読み，下の問い(1)〜(4)に答えなさい。

　スペイン (Spain) は1975年の王政復古以降，国王に就任したファン・カルロス1世 (Juan Carlos I) のもと，民主化が進み，気候を生かした ₁農作物の生産に加えて自動車を中心として産業の近代化を進め，₂欧州連合 (EU) の中でも一定の存在感を有している。

　国内に多様な文化を抱えており，各地方の₃独立精神が強いことで知られている。首都はマドリード (Madrid) であるが，国内第2の都市であるバルセロナ (Barcelona) を中心としたカタルーニャ地方 (Catalonia) では独立の是非が住民投票にかけられた。この他にもバスク地方 (Basque Country) などもスペインからの独立が話題にあがることがある。この傾向に拍車をかけたのが，₄スペイン内戦を経て，第二次世界大戦中に発足した独裁政権であり，マドリードを中心としたこの政権が各地方を弾圧したことにより，各地方の独立運動が盛んになった。

(1)　下線部 **1** に関して，次の表はスペインが世界の生産量第1位となっているある作物の上位5カ国とその生産量を表したものである。この作物として最も適当なものを，下の①〜④の中から一つ選びなさい。　**1**

	国	生産量（千トン）
第1位	スペイン	6,560
第2位	ギリシャ	2,343
第3位	イタリア	2,092
第4位	トルコ	1,730
第5位	モロッコ	1,416

『世界国勢図会　2018/19年版』より作成
注) ギリシャ (Greece)，イタリア (Italy)，トルコ (Turkey)，モロッコ (Morocco)

①　ブドウ
②　オリーブ
③　グレープフルーツ
④　スイカ

(2)　下線部**2**に関して，中央ヨーロッパ時間で2020年2月1日午前0時，イギリス（UK）は正式にEUを離脱した。イギリスと同じように，2020年2月1日現在EUに**加盟していない国**として正しいものを，次の地図中の①〜④の中から一つ選びなさい。　**2**

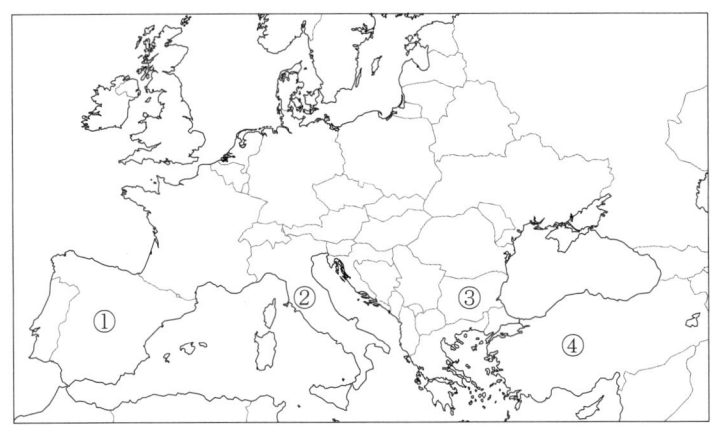

(3)　下線部**3**に関して，21世紀最初の独立国として正しいものを，次の①〜④の中から一つ選びなさい。　**3**

①　コソボ（Kosovo）

②　チェチェン（Chechnya）

③　東ティモール（East Timor）

④　南スーダン（South Sudan）

(4)　下線部**4**に関して，スペイン内戦をテーマにした絵画「ゲルニカ」を描いた人物として正しいものを，次の①〜④の中から一つ選びなさい。　**4**

①　ピカソ（Pablo Picasso）

②　ゴーギャン（Eugène Henri Paul Gauguin）

③　ゴッホ（Vincent Willem van Gogh）

④　クリムト（Gustav Klimt）

問2　次の文章を読み，下の問い(1)～(4)に答えなさい。

　₁コートジボワール(Ivory Coast)は15世紀にヨーロッパ(Europe)の貿易船が来航した後，19世紀末に [a] の植民地となりその支配は第二次世界大戦後まで続いた。そのため，公用語は [a] 語であり， [a] のリーグで活躍するサッカー選手が多いことでも知られている。その後「アフリカの年」と呼ばれる1960年に₂独立し，経済開放と農業経済による₃輸出拡大を実現して「イボワール(Yvoire)の奇跡」と呼ばれる経済発展を遂げたが，1990年代末にクーデターが発生して以降，内戦が続き国内は貧富の格差が拡大するなど，不安定な状況になっている。

(1)　下線部 **1** に関して，コートジボワールの位置として正しいものを，次の地図中の①～④の中から一つ選びなさい。　　　　　　　　　　　　　　　　　　　　　　　　　 **5**

(2)　 [a] に当てはまる語句として最も適当なものを，次の①～④の中から一つ選びなさい。

6

①　ポルトガル(Portugal)

②　イタリア

③　ドイツ(Germany)

④　フランス(France)

⑶　下線部 **2** に関して，1960年代に独立した国として**適当でないもの**を，次の①～④の中から一つ選びなさい。　　　　　　　　　　　　　　　　　　　　　**7**

①　カメルーン（Cameroon）

②　コンゴ共和国（Congo）

③　リベリア（Liberia）

④　ケニア（Kenya）

⑷　下線部 **3** に関して，次の表は2015年もしくは2016年のコートジボワール，ガーナ（Ghana），ナイジェリア（Nigeria），エチオピア（Ethiopia）の各国の輸出品目の上位5品目を表したものである。表中のコートジボワールに当てはまるものとして最も適当なものを，下の①～④の中から一つ選びなさい。　　　　　　　　　　　　　　　　　　　**8**

	①（2015年）	②（2016年）	③（2015年）	④（2016年）
第1位	コーヒー豆	原油	カカオ豆	金
第2位	野菜・果実	液化天然ガス	石油製品	カカオ豆
第3位	石油製品	石油ガス	野菜・果実	原油
第4位	装飾用切花等	液化石油ガス	金	野菜・果実
第5位	ごま	カカオ豆	ココアペースト	木材

『世界国勢図会　2018/19年版』より作成

問3　次の図はある財の需給曲線を表したものである。この図の状況において，国が「この財の生産に対して，補助金を支給する」とし，かつ需要曲線が変わらないとしたときの，供給曲線と取引量Qの変化として最も適当なものを，下の①～④の中から一つ選びなさい。 **9**

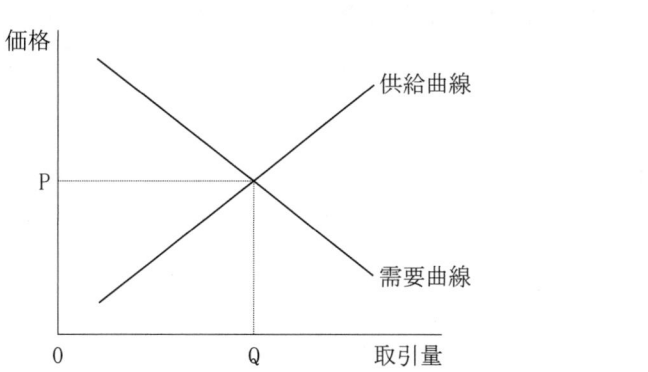

①　供給曲線は右下にシフトし，財の取引量は図中のQより多くなる。

②　供給曲線は右下にシフトし，財の取引量は図中のQより少なくなる。

③　供給曲線は左上にシフトし，財の取引量は図中のQより多くなる。

④　供給曲線は左上にシフトし，財の取引量は図中のQより少なくなる。

問4　次の表は経済学者とその理論を表したものである。その組み合わせとして最も適当なものを，下の①～④の中から一つ選びなさい。 **10**

	経済学者	理論
①	リカード	幼稚産業育成説
②	マルサス	比較生産費説
③	スミス	剰余価値説
④	ケインズ	有効需要の原理

注) リカード (David Ricardo)，マルサス (Thomas Robert Malthus)，スミス (Adam Smith)，ケインズ (John Maynard Keynes)

問5　日本の株式会社に関する記述として最も適当なものを，次の①〜④の中から一つ選びなさい。　$\boxed{11}$

① 独占禁止の観点から，持株会社の設立は認められていない。

② 株主総会において，株主は持株数にかかわらず一人一票の議決権を有する。

③ 企業が倒産した場合，株主は出資額以上の責任を負担しなければならない。

④ 株式会社の最高意思決定機関は，株主を構成員とする株主総会である。

問6　2020年度A国のGDPは100兆ドルであり，そのうち3.5兆ドルはA国に住む外国人が生み出したものであった。また，2020年にA国の国民が外国で生み出した付加価値の合計は5000億ドルである。A国の人口を10億人としたとき，A国の一人当たりのGNIの値として最も適当なものを，次の①〜④の中から一つ選びなさい。　$\boxed{12}$

① 97,000ドル

② 100,000ドル

③ 103,500ドル

④ 105,000ドル

問7　日本の為替に関する次の文章を読み，文章中の空欄 $\boxed{a}$ ，$\boxed{b}$ に当てはまる語の組み合わせとして最も適当なものを，下の①〜④の中から一つ選びなさい。　$\boxed{13}$

　日本の為替は第二次世界大戦後，$\boxed{a}$ 体制のもと，長く1ドル＝360円の固定相場制であった。しかし，アメリカ (USA) がドル危機を迎え，$\boxed{b}$ を停止した1971年のニクソン・ショック (Nixon Shock) を皮切りに $\boxed{a}$ 体制は崩壊し，日本の為替も変動相場制へと移行した。

	a	b
①	ブレトン・ウッズ	管理通貨制度
②	ブレトン・ウッズ	金本位制
③	スミソニアン	管理通貨制度
④	スミソニアン	金本位制

問8　日本銀行に関する記述として**正しくないもの**を，次の①～④の中から一つ選びなさい。

14

①　政府の銀行であり，国庫金の出納をおこなう。

②　日本で唯一の発券銀行であり，日本銀行券の発行や管理をおこなう。

③　企業の銀行であり，民間企業に資金を貸し出すことができる。

④　銀行の銀行であり，当座預金を使って金融機関同士の取引の決済をおこなう。

問9　円安が進行した際に発生することとして最も適当なものを，次の①～④の中から一つ選びなさい。

15

①　日本企業の海外での事業展開が拡大する。

②　日本で海外のブランド品が安く買えるようになる。

③　日本から海外への輸出額が増加する。

④　日本から海外への旅行者が増加する。

問10　OPECには多くの石油産出国が加盟している。OPECに関する記述として最も適当なものを，次の①～④の中から一つ選びなさい。

16

①　アジア太平洋初の経済協力を目的とする政府間公式協議体である。

②　石油産出国の利益を守ることを目的として設立された組織である。

③　本部はウィーン（Vienna）に設置され，アラブ地域以外の国は加盟していない。

④　国連の常設機関として設立され，事実上現在の活動は停止している。

問11　次の表は2018年の海外在留邦人数の上位2位〜7位の国を表したものである。表中のAに当てはまる国を，下の①〜④の中から一つ選びなさい。　**17**

	国	在留邦人数（人）
第2位	A	120,076
第3位	B	98,436
第4位	C	75,647
第5位	カナダ	73,571
第6位	D	60,620
第7位	ブラジル	51,307

外務省ウェブサイトより作成
注）カナダ（Canada），ブラジル（Brazil）

① トルコ

② アメリカ

③ イギリス

④ 中国（China）

問12　経済統合に関する記述として最も適当なものを，次の①〜④の中から一つ選びなさい。　**18**

① TPPはアメリカが中心となって協定の締結が進められ，アメリカをはじめとして日本を含む12カ国によって2019年に発効した。

② EUではイギリスに続いてギリシャが離脱を発表し，今後のあり方が不安視されている。

③ MERCOSURは南米大陸の国々が加盟しており，域内人口は2億人を超えている。

④ ASEANには日本・中国・韓国を含むアジアの10カ国が加盟している。

問13　次の表は2017年の日本，イギリス，ドイツ，アメリカのODA拠出額とそのGNI比を表したものである。表中の日本に当てはまるものとして最も適当なものを，下の①〜④の中から一つ選びなさい。　**19**

	拠出額（百万ドル）	GNI比
①	24,681	0.66%
②	11,475	0.23%
③	35,261	0.18%
④	17,940	0.70%

『世界国勢図会　2018/19年版』より作成

問14　次の表は，天然ガス（2016年），原油（2017年），石炭（2015年），ウラン（2016年）の産出量の上位5カ国を表したものである。表中のA〜Dで石炭に当てはまるものとして最も適当なものを，下の①〜④の中から一つ選びなさい。　**20**

	A	B	C	D
第1位	中国	アメリカ	ロシア	カザフスタン
第2位	インド	ロシア	サウジアラビア	カナダ
第3位	インドネシア	イラン	アメリカ	オーストラリア
第4位	オーストラリア	カナダ	イラク	ナミビア
第5位	アメリカ	カタール	カナダ	ニジェール

『世界国勢図会　2018/19年版』より作成

注）インド（India），インドネシア（Indonesia），ロシア（Russia），イラン（Iran），カタール（Qatar），サウジアラビア（Saudi Arabia），イラク（Iraq），カザフスタン（Kazakhstan），ナミビア（Namibia），ニジェール（Niger）

① A

② B

③ C

④ D

問15　次の地図中のA〜Cに当てはまる半島の組み合わせとして正しいものを，下の①〜④の
中から一つ選びなさい。　　　　　　　　　　　　　　　　　　　　　21

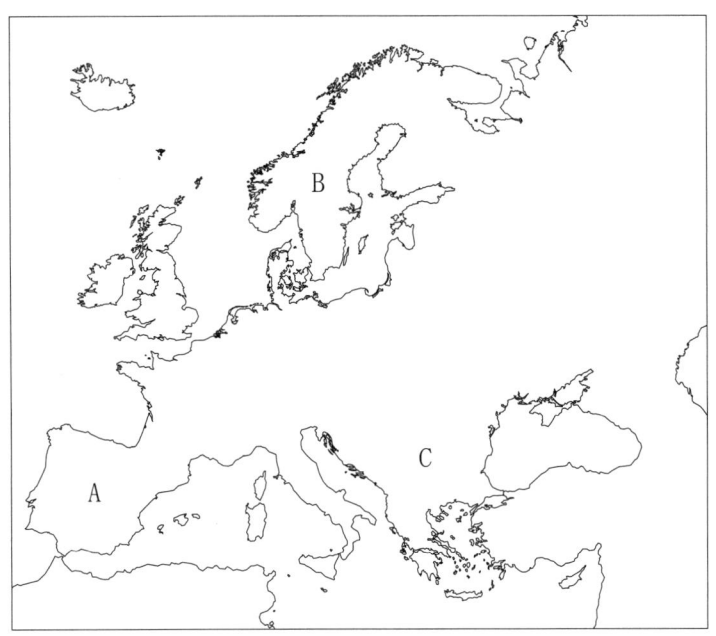

	A	B	C
①	イベリア半島	スカンジナビア半島	バルカン半島
②	ラブラドル半島	スカンジナビア半島	バルカン半島
③	イベリア半島	ペロポネソス半島	バルカン半島
④	ラブラドル半島	ペロポネソス半島	イベリア半島

問16　温暖湿潤気候に属する地域のハイサーグラフとして最も適当なものを，次の①～④の中から一つ選びなさい。　**22**

①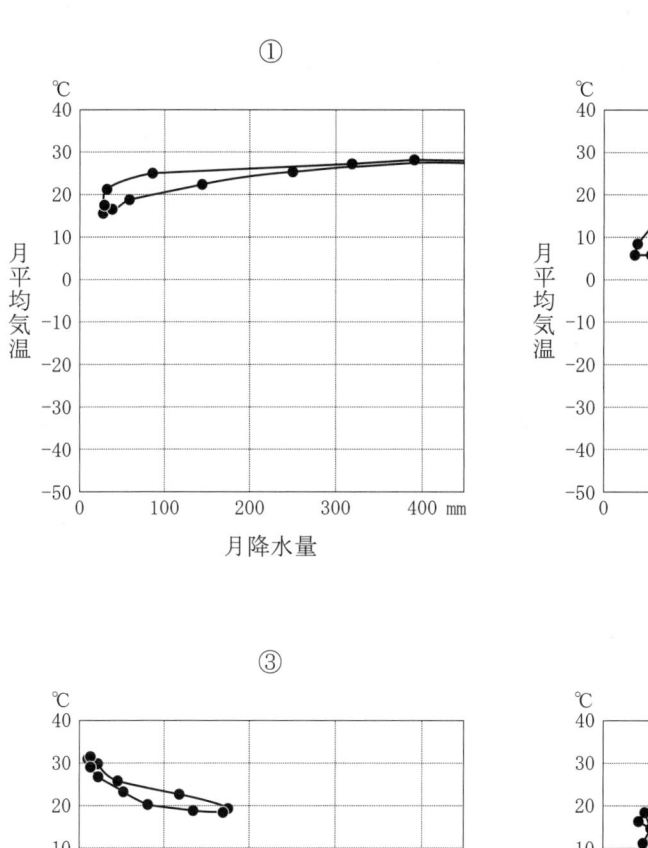

②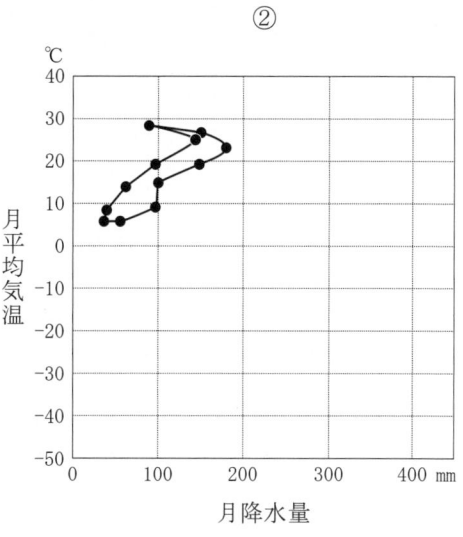

③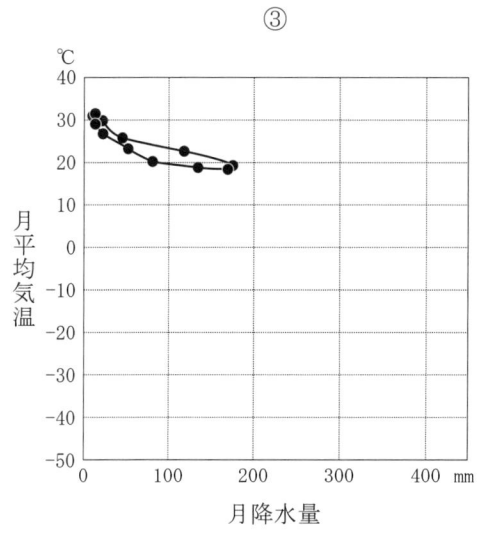

④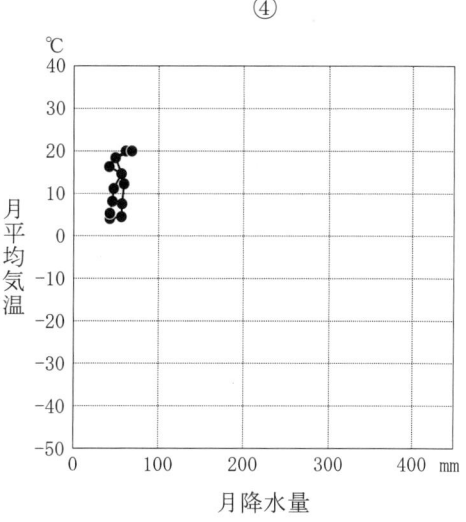

問17　次の図は，南アメリカを通る緯線を示すものである。赤道として正しいものを，下の地図中の①～④の中から一つ選びなさい。　**23**

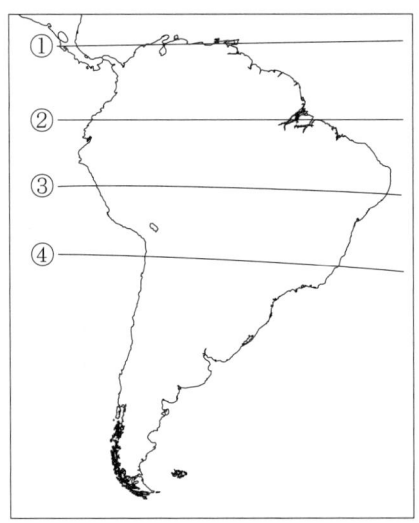

問18　次の表は，海外領土とその領有国についてまとめたものである。表中の組み合わせとして正しいものを，下の①～④の中から一つ選びなさい。　**24**

	海外領土	領有国
①	ジブラルタル	フランス
②	グリーンランド	スウェーデン
③	バミューダ諸島	イギリス
④	ニューカレドニア	ニュージーランド

注）ジブラルタル(Gibraltar)，グリーンランド(Greenland)，バミューダ諸島 (Bermuda)，ニューカレドニア(New Caledonia)，スウェーデン (Sweden)

問19　日本国憲法で定められている天皇制に関する記述として**適当でないもの**を，次の①〜④の中から一つ選びなさい。　**25**

①　憲法改正は，内閣が発議し，国会の議決により天皇が承認する。

②　天皇は，国会の指名に基づいて内閣総理大臣を任命する。

③　天皇は，日本国の象徴であり日本国民統合の象徴である。

④　天皇は世襲制で皇位を継承し，主権を有しない。

問20　日本の地方自治に関する次の文章を読み，文章中の空欄 a ， b に当てはまる語の組み合わせとして最も適当なものを，下の①〜④の中から一つ選びなさい。　**26**

日本の地方自治において首長は a によって選出される。その首長は国の内閣総理大臣と異なり，有権者の3分の1以上の署名に基づく住民投票により解職される可能性があり，これを b と呼ぶ。

	a	b
①	直接選挙	オストラシズム
②	直接選挙	リコール
③	間接選挙	オストラシズム
④	間接選挙	リコール

問21　日本の国会に関する記述として最も適当なものを，次の①〜④の中から一つ選びなさい。
27

①　内閣不信任決議を可決することができるのは，衆議院のみである。

②　法律案の議決においては参議院の優越は認められている。

③　内閣総理大臣は国会の立法に対して，拒否権を発動することができる。

④　諸外国との条約は国会が締結して，天皇が承認する。

問22　1999年に国会審議活性化法が制定された。国会審議活性化法に基づき設けられた制度の例として最も適当なものを，次の①〜④の中から一つ選びなさい。　**28**

① 秘密会を禁止する。

② 首相と野党の党首が討論する。

③ 影の内閣を組織する。

④ 官僚が首相に代わって答弁する。

問23　日本の司法に関する記述として最も適当なものを，次の①〜④の中から一つ選びなさい。　**29**

① 法律の合憲性は，憲法裁判所のみによって審査される。

② すべての裁判官は，国民審査によって罷免されうる。

③ 行政機関による裁判官の処分は，認められている。

④ 特別裁判所の設置は，認められていない。

問24　イギリスの政治制度に関する次の文章中の空欄 a ， b に当てはまる語の組み合わせとして最も適当なものを，下の①〜④の中から一つ選びなさい。　**30**

イギリスの政治体制は a であり，明文化された憲法はなく議会によって重要なことが決められる。さらにイギリスは保守党と b の二大政党制であり，下院第一党の党首が首相に指名され，国家の運営を担っていく体制になっている。

	a	b
①	共和制	労働党
②	共和制	自由民主党
③	立憲君主制	労働党
④	立憲君主制	自由民主党

問25　フランス人権宣言（Declaration of the Rights of Man and of the Citizen）に関する記述として適当なものを，次の①〜④の中から一つ選びなさい。　**31**

① フランス人権宣言は男女や身分の違いに関係なく，すべての人間の人権を保障した点で画期的であった。

② ルソー（Jean-Jacques Rousseau）の『市民政府二論』（Two Treatises of Government）の抵抗権の概念は，フランス人権宣言に対して思想的な側面から大きな影響を与えた。

③ フランス人権宣言では王権神授説とは対照的に，国民に主権があることが明文化された。

④ フランス人権宣言はロベスピエール（Maximilien François Marie Isidore de Robespierre）によって起草され，その過激なまでの民主的思想が反映されている。

問26　日本の労働に関する記述として最も適当なものを，次の①〜④の中から一つ選びなさい。

32

① 労働基準法では最低賃金や待遇の均等など労働の最低条件が定められている。

② 戦後日本の雇用慣行としては，「終身雇用」，「成果主義」，「企業別組合」が挙げられる。

③ 日本では公務員および公共交通機関の職務に従事する者は，ストライキを実施することが許可されている。

④ 日本では労働組合の結成は一定以上の従業員数を有する大手企業にしか認められていない。

問27 男女平等に関する次の文章を読み，文章中の空欄 a ， b に当てはまる語の組み合わせとして最も適当なものを，下の①～④の中から一つ選びなさい。 **33**

1979年に国連で a が採択され，日本でもこれを受けて1985年に b が制定され，女子に対する採用や配置などの差別の禁止や，妊娠や出産による解雇の禁止が定められた。

	a	b
①	国際人権規約	育児・介護休業法
②	国際人権規約	男女雇用機会均等法
③	女子差別撤廃条約	育児・介護休業法
④	女子差別撤廃条約	男女雇用機会均等法

問28 三角貿易に関する次の文章中の空欄 a ， b に当てはまる語の組み合わせとして最も適当なものを，下の①～④の中から一つ選びなさい。 **34**

19世紀におこなわれていた三角貿易では， a で生産されたアヘンをイギリスが清に輸出し，イギリスがそのアヘンの密売で清から得た b によって清から輸入した代金を支払うとともに， a には綿織物を輸出した。これによって清は経済ならびに社会的に打撃を受けた。

	a	b
①	東アフリカ	陶磁器
②	東アフリカ	銀
③	インド	陶磁器
④	インド	銀

注) 東アフリカ (East Africa)

問29　第一次世界大戦後のヴェルサイユ体制に関する記述として最も適当なものを，次の①〜④の中から一つ選びなさい。　**35**

① ドイツは領土の割譲を免れる代わりに，多額の賠償金の支払いを強いられた。
② フランクリン・ローズベルト(Franklin Delano Roosevelt)の提唱で，国際協調を企図した国際連盟が設立された。
③ 従来の欧州列強による植民地支配から，各地の民族自決への転換を促すものであった。
④ ワシントン会議(Washington Naval Conference)によって，国際的な合意による海軍力の軍縮が図られた。

問30　第二次世界大戦後のアジア諸国における出来事A〜Dを年代順に並べ替えたものとして正しいものを，次の①〜④の中から一つ選びなさい。　**36**

A：日中国交正常化
B：朝鮮戦争の勃発
C：アジア・アフリカ会議の開催
D：日本の国連加盟

① C→B→A→D
② C→D→A→B
③ B→C→D→A
④ B→A→D→C

問31　1980年代から1990年代にかけての東欧諸国の民主化に関する記述として最も適当なものを，次の①～④の中から一つ選びなさい。　**37**

①　ルーマニア (Romania) では大統領だったチャウシェスク (Nicolae Ceauşescu) が処刑され，民主化が達成された。

②　チェコスロバキア (CzechoSlovakia) では「プラハの春」(Prague Spring) と呼ばれる民主化運動により，東欧諸国で最も早く民主化した。

③　ポーランド (Poland) は民主化運動が起きたものの失敗し，現在も社会主義国家として存続している。

④　バルト三国 (Baltic states) の相次ぐ独立の影響でソ連 (USSR) は崩壊し，ゴルバチョフ (Mikhail Sergeyevich Gorbachev) が初代ロシア連邦大統領に就任した。

問32　アメリカのロナルド・レーガン (Ronald Wilson Reagan) 政権に関する記述として最も適当なものを，次の①～④の中から一つ選びなさい。　**38**

①　「双子の赤字」を解消するために，プラザ合意 (Plaza Accord) によってドル高を是正した。

②　戦局が泥沼化していたベトナム戦争 (Vietnam War) において，アメリカ軍の撤退に踏み切った。

③　ウォーターゲート事件 (Watergate scandal) によって選挙中の不正行為が発覚し，辞任に追い込まれた。

④　ソ連によるアフガニスタン侵攻 (Soviet-Afghan War) を批判し，モスクワオリンピックへのボイコットを呼びかけた。

総合科目の問題はこれで終わりです。解答欄の **39** ～ **60** はマークしないでください。

この問題冊子を持ち帰ることはできません。

実戦問題

解答時間 80 分

問1　次の文章を読み，下の問い(1)～(4)に答えなさい。

　₁南アフリカ(South Africa)は首都機能をプレトリア(Pretoria)，ケープタウン(Cape Town)，ブルームフォンテン(Bloemfontein)の3つの都市に分散させているが，対外的には大統領府のあるプレトリアが首都と認知されている。南アフリカはイギリス(UK)の₂植民地であって，1990年代までは植民地支配の影響で人種差別的政策が展開されたことによる国際社会からの隔離もあり，産業が停滞していた。しかし，近年は₃輸出を中心として産業が発展し，₄BRICSと呼ばれる経済成長が著しい国の1つにも数えられている。

(1)　下線部**1**に関して，南アフリカ初の黒人大統領の名前として正しいものを，次の①～④の中から一つ選びなさい。　　　　　　　　　　　　　　　　　　　　　　　　　　　　　1

①　フレデリック・ウィレム・デクラーク (Frederik Willem de Klerk)

②　ネルソン・マンデラ (Nelson Rolihlahla Mandela)

③　ガマール・アブドゥル＝ナーセル (Jamal Abd al-Nasir)

④　ムスタファ・ケマル・アタテュルク (Mustafa Kemal Atatürk)

(2)　下線部 **2** に関して，イギリスが支配する前はある国が南アフリカを支配しており，現在
　　もその影響が強く残っている。その国の位置として最も適当なものを，次の①〜④の中か
　　ら一つ選びなさい。　　　　　　　　　　　　　　　　　　　　　　　　　　　　　**2**

⑶　下線部 **3** に関して，次の表は2016年の南アフリカの輸出品目上位5品目と輸出総額に占める割合を表したものである。第1位に当てはまるものとして最も適当なものを，下の①〜④の中から一つ選びなさい。

3

	輸出額（百万ドル）	輸出額に占める割合(%)
第1位	9,119	12.3
第2位	7,053	9.5
第3位	6,027	8.1
第4位	5,333	7.2
第5位	3,867	5.2

『世界国勢図会　2018/19年版』より作成

①　石油

②　船舶

③　自動車

④　野菜・果実

⑷　下線部 **4** に関して，南アフリカ以外のBRICSに当てはまる国の中で最も人口が少ない国を，次の①〜④の中から一つ選びなさい。

4

①　中国（China）

②　ロシア（Russia）

③　ブラジル（Brazil）

④　インド（India）

問2　次の文章を読み，下の問い(1)〜(4)に答えなさい。

₁北海道は日本の最北端の都道府県で最大の₂面積を持ち，その豊かな自然と寒冷な気候を背景にした₃農作物の栽培や観光業などが盛んである。現在の北海道は札幌を中心に発展しているが，日本の中央政府の支配の影響を受け始めたのは江戸時代以降であり，それ以前は，₄先住民族であるアイヌ民族が暮らしていた。

(1)　下線部**1**に関して，北海道に関する記述として最も適当なものを，次の①〜④の中から一つ選びなさい。　　　　　　　　　　　　　　　　　　　　　　　　　　　　　**5**

①　戦後長期にわたってアメリカ（USA）軍に占領され，1970年代に返還された。

②　札幌に位置する筑豊炭田の出炭量が近年，100万トンを突破した。

③　日本全国の47都道府県のうち，一番長い海岸線を有する。

④　北部の函館市では，砂浜地形に分類される陸繋砂州が見られる。

(2)　下線部**2**に関して，面積が日本全国で一番小さい都道府県を，次の①〜④の中から一つ選びなさい。　　　　　　　　　　　　　　　　　　　　　　　　　　　　　　　**6**

①　香川県

②　沖縄県

③　鹿児島県

④　東京都

⑶　下線部 **3** に関して，北海道は全国一のジャガイモの産地である。19世紀，主要食物のジャガイモが疫病により枯死したことで大飢饉が起こった地域を，次の①～④の中から一つ選びなさい。　　　　　　　　　　　　　　　　　　　　　　　　　　　　　　 **7**

①　インドネシア（Indonesia）

②　アイルランド（Ireland）

③　メキシコ（Mexico）

④　インド

⑷　下線部 **4** に関し，世界の先住民族とその民族が生活している国・地域の組み合わせとして最も適当なものを，次の①～④の中から一つ選びなさい。　　　　　　　　　　 **8**

	先住民	国・地域
①	マオリ	ニュージーランド
②	イヌイット	オーストラリア
③	アボリジニ	カナダ
④	インディアン	インド

注）マオリ（Māori），イヌイット（Inuit），オーストラリア（Australia），アボリジニ（Aborigine），ニュージーランド（New Zealand），カナダ（Canada），インディアン（Indian）

問3　ある商品の市場における需要曲線が右にシフト（移動）した要因の例として<u>適当でないもの</u>を，次の①～④の中から一つ選びなさい。　　　　　　　　　　　　　　　　 **9**

①　商品の人気が上昇した。

②　補完財の価格が下落した。

③　消費者の所得が増加した。

④　生産コストが削減された。

問 4　リカード(David Ricardo)の主張に関する記述として最も適当なものを，次の①〜④の中から一つ選びなさい。　**10**

①　賃金労働者はその労働力の価値以上に生産しており，その剰余価値が利潤や地代，利子として表れる。

②　人間は幸福を人生や社会の最大目的としており，「最大多数の最大幸福」によって社会は発展する。

③　人間は利己的であり，自然状態では「万人の万人に対する闘争」状態である。

④　自由貿易体制では優位な財の生産に集中することで，労働生産性が増加する。

問 5　次の文章を読み，文章中の　a ，　b に当てはまる語の組み合わせとして最も適当なものを，下の①〜④の中から一つ選びなさい。　**11**

政府が大量の公債を発行すると，金利水準の　a により，民間投資が　b する。これは，クラウディング・アウト効果という。

	a	b
①	上昇	減少
②	上昇	増加
③	低下	減少
④	低下	増加

問 6　ある国の昨年のGDPは1兆2000億ドルで今年のGDPが1兆4400億ドルであった。また，昨年を基準としたときのGDPデフレーターが150であった。昨年から今年にかけての実質経済成長率として最も適当なものを，次の①〜④の中から一つ選びなさい。　**12**

①　−25%

②　−20%

③　20%

④　25%

問7　1990年代から2000年代にかけての日本金融市場に関する記述として最も適当なものを、次の①〜④の中から一つ選びなさい。　**13**

①　金融機関の国際競争力を強化するため、本格的に金融業務自由化が始まった。

②　リーマン・ショックの影響により、金利自由化が進められた。

③　フリー・フェア・グローバルというスローガンを掲げ、減反政策が始まった。

④　金融機関の破綻に備えるため、護送船団方式を採用するようになった。

問8　次のグラフは日本の1960年から2015年までの実質GDPの成長率を表したものである。グラフ中の動きに関する記述として最も適当なものを、下の①〜④の中から一つ選びなさい。　**14**

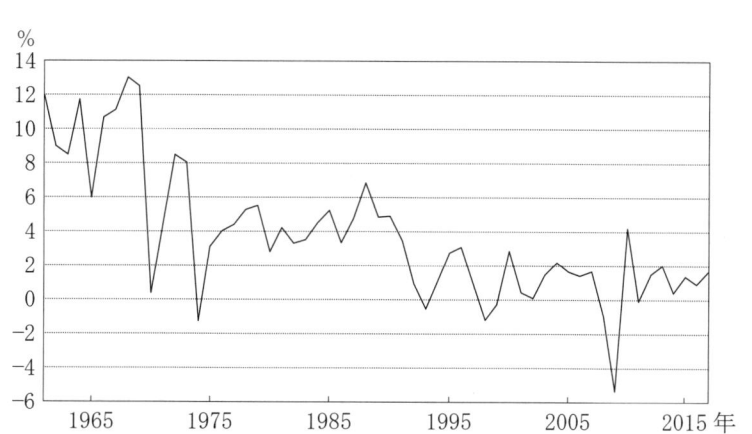

①　1973年ごろの大きな落ち込みはベトナム戦争（Vietnam War）によるものである。

②　1980年代の継続的な成長は円安相場を背景にしたものである。

③　1998年ごろの大きな落ち込みはバブル崩壊によるものである。

④　2008年の急速な落ち込みはアメリカに端を発した金融危機の影響である。

問9　次の表は日本，中国，インド，アメリカの1990年と2015年の一人当たりの二酸化炭素 (CO_2)
排出量を表したものである。表中のA〜Dに当てはまる国の組み合わせとして最も適当な
ものを，下の①〜④の中から一つ選びなさい。　　　　　　　　　　　　　　　**15**

単位：トン

	1990年	2015年
A	8.43	8.99
B	0.61	1.58
C	19.20	15.53
D	1.85	6.59

『世界国勢図会　2018/19年版』より作成

	A	B	C	D
①	アメリカ	中国	日本	インド
②	日本	中国	アメリカ	インド
③	日本	インド	アメリカ	中国
④	アメリカ	インド	日本	中国

問10　国際経済機関に関する記述として最も適当なものを，次の①〜④の中から一つ選びなさい。

　　　　　　　　　　　　　　　16

①　ケネディ・ラウンドでの合意に基づき，WTOが設立された。

②　OECDは，マーシャル・プランの受容機関である欧州経済協力機構 (OEEC) を前身とする。

③　IMFとUNCTADは，ブレトン・ウッズ協定によって設立された。

④　IBRDは，国際準備資産としてSDR (特別引出権) を創設した。

問11　次の文章を読み，文章中の空欄　a　～　c　に当てはまる語の組み合わせとして最も適当なものを，下の①～④の中から一つ選びなさい。　**17**

　景気循環にはさまざまな理論があり，そのうち，設備投資を要因とする　a　の波，在庫調整を要因とする　b　の波，技術革新を要因とする　c　の波が有名である。

	a	b	c
①	ジュグラー	キチン	コンドラチェフ
②	ジュグラー	キチン	クズネッツ
③	クズネッツ	コンドラチェフ	ジュグラー
④	クズネッツ	キチン	コンドラチェフ

　注) ジュグラー (Juglar)，キチン (Kitchin)，コンドラチェフ (Kondratiev)，クズネッツ (Kuznets)

問12　次の表は2016年の牛肉の生産量上位5カ国を表したものである。表中のAに当てはまる国の組み合わせとして最も適当なものを，下の①～④の中から一つ選びなさい。

18

	国名	生産量（千トン）
第1位	アメリカ	11,470
第2位	A	9,284
第3位	中国	6,997
第4位	B	2,644
第5位	C	2,361

『世界国勢図会　2018/19年版』より作成

①　アルゼンチン (Argentina)

②　オーストラリア

③　ブラジル

④　ニュージーランド

問13　第一次世界大戦以降の日本の経済に関する記述として最も適当なものを，次の①〜④の中から一つ選びなさい。　**19**

①　日本は第一次世界大戦後，多額の賠償金をドイツ（Germany）から獲得し，重工業を発達させた。

②　日本は1929年に発生した世界大恐慌の影響を受けることなく，自動車を中心とした重工業による経済成長を続けることができた。

③　第二次世界大戦後の日本の急速なインフレを解消するため，ドッジ・ライン（Dodge Line）と呼ばれる金融政策が展開された。

④　第二次世界大戦後の日本の高度経済成長は，綿花の栽培と加工による繊維業が中心となった。

問14　ミシガン湖，ビクトリア湖，バイカル湖，カスピ海の4つの湖を大きな順に並べたものとして最も適当なものを，次の①〜④の中から一つ選びなさい。　**20**

①　ビクトリア湖 → カスピ海 → バイカル湖 → ミシガン湖

②　カスピ海 → ビクトリア湖 → ミシガン湖 → バイカル湖

③　バイカル湖 → ミシガン湖 → カスピ海 → ビクトリア湖

④　ミシガン湖 → カスピ海 → ビクトリア湖 → バイカル湖

注）ミシガン湖(Lake Michigan)，ビクトリア湖(Lake Victoria)，バイカル湖(Lake Baikal)，カスピ海(Caspian Sea)

問15　次の地図は，アフリカ大陸を通る経線Aと緯線Bを示したものである。Aが示す経度とB

が示す緯度の組み合わせとして最も適当なものを，下の①〜④の中から一つ選びなさい。

21

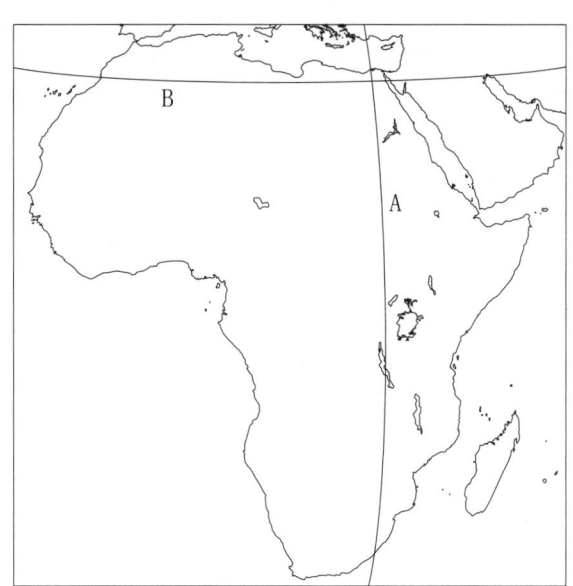

	経線A	緯線B
①	東経10度	北緯30度
②	東経10度	北緯40度
③	東経30度	北緯30度
④	東経30度	北緯40度

問16　西岸海洋性気候に属する地域のハイサーグラフとして最も適当なものを，次の①～④の中から一つ選びなさい。　22

①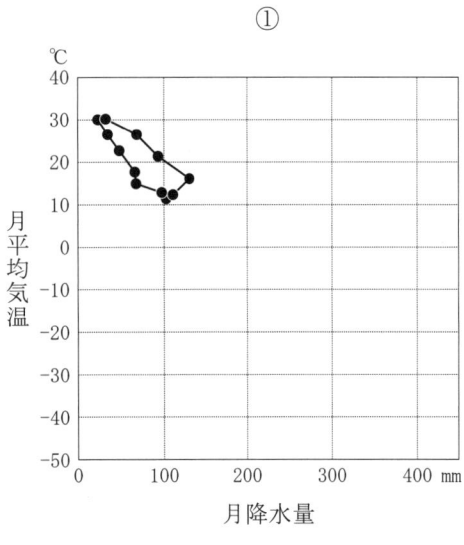

②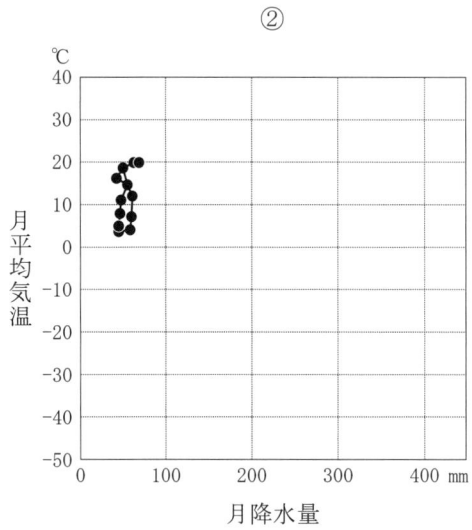

③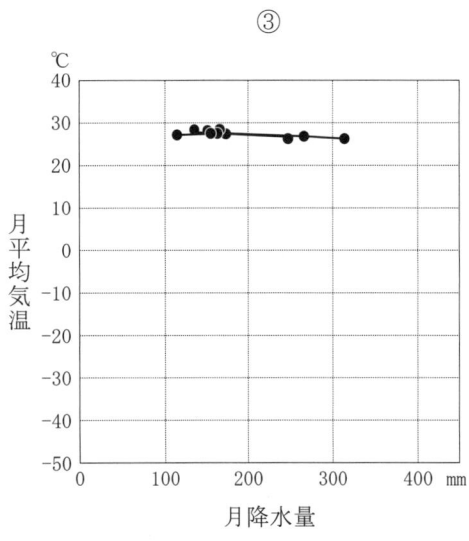

④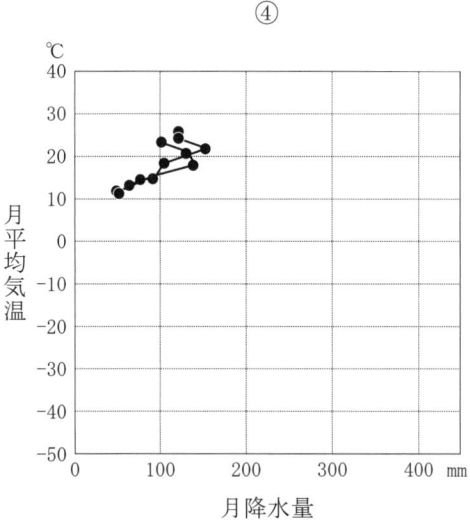

問17　1月1日17時に東京（東経135度）を出発して8時間の所要時間でロンドン（London）（0度）に到着した場合，ロンドンの現地時間として正しいものを，次の①〜④の中から一つ選びなさい。　**23**

①　1月2日午前1時

②　1月1日午後4時

③　1月1日午前9時

④　12月31日午後11時

問18　次の表は2016年のある農作物の生産量上位5カ国を表したものである。この農作物として最も適当なものを，下の①〜④の中から一つ選びなさい。　**24**

	国名	生産量（千トン）
第1位	中国	2,402
第2位	インド	1,252
第3位	ケニア	473
第4位	スリランカ	349
第5位	トルコ	243

『世界国勢図会　2018/19年版』より作成
注）ケニア(Kenya)，スリランカ(Sri Lanka)，トルコ(Turkey)

①　タバコ

②　コーヒー豆

③　ゴマ

④　茶

問19 近代の政治思想に関する記述として最も適当なものを，次の①～④の中から一つ選びなさい。 **25**

① 社会契約説はルソー（Jean-Jacques Rousseau）らによって唱えられ，フランス革命の思想的支柱となった。

② モンテスキュー（Charles Montesquieu）は『市民政府二論』で人民の抵抗権について言及した。

③ ホッブズ（Thomas Hobbes）は『リヴァイアサン』（Leviathan）の中で，王の権利は生まれながらにして与えられたものであるという王権神授説を唱えた。

④ ロック（John Locke）は『法の精神』の中で三権分立を唱えた。

問20 排他的経済水域に関する次の文章を読み，文章中の空欄 a に当てはまる語として最も適当なものを，下の①～④の中から一つ選びなさい。 **26**

　漁業や，石油などの天然資源の採掘，科学的調査を自由におこなうことができる水域である排他的経済水域は沿岸から a の範囲内で設定することが認められている。

① 12海里

② 24海里

③ 200海里

④ 212海里

問21 外敵の防御，国内の治安維持など最小限の機能しか持たない国家の形態を指す言葉として最も適当なものを，次の①～④の中から一つ選びなさい。 **27**

① 夜警国家

② 警察国家

③ 福祉国家

④ 立憲国家

問22　日本の内閣と国会の関係として**適当でないもの**を，次の①〜④の中から一つ選びなさい。

28

①　衆議院は，内閣不信任案を提出することができる。

②　参議院は，問責決議案を提出することができる。

③　内閣不信任案が可決されると，内閣は即座に総辞職しなければならない。

④　国会に議席を持たなくても，国務大臣になる可能性がある。

問23　日本における違憲立法審査権に関する記述として最も適当なものを，次の①〜④の中から一つ選びなさい。

29

①　最高裁判所での法令違憲判決は，これまで一度もなかった。

②　すべての下級裁判所は，審査権を持っていない。

③　裁判所で違憲判断ができるのは法律のみである。

④　審議中の法案は，違憲審査の対象にならない。

問24　次の表は，2つの比例代表区A，Bの選挙結果を示すものである。選挙区Bの一票は選挙区Aの一票の何倍の重さを持っているか。正しいものを，下の①〜④の中から一つ選びなさい。

30

比例区	当選者数	投票総数	投票率
A	100人	60万	60%
B	80人	20万	50%

①　3倍

②　2.4倍

③　2倍

④　0.8倍

問25 民族問題に関する記述のうち，下線部の内容が最も適当なものを，次の①〜④の中から一つ選びなさい。なお，下線部以外の内容は正しいものとする。　**31**

① 北アイルランド (Northern Ireland) では，アイルランドからの独立を求める勢力がテロを頻繁に起こしている。

② スペイン (Spain) のバスク (Basque) 地方では，フランス (France) への併合を求める「バスク祖国と自由」の勢力が長年テロ活動をおこなっていた。

③ チェチェン (Chechnya) ではウクライナ (Ukraine) からの独立を求める勢力と政府軍の間で武力衝突が続いている。

④ キプロス (Cyprus) では長年，ギリシャ系住民とトルコ系住民の対立が続いている。

問26 国際法や条約に関する記述として最も適当なものを，次の①〜④の中から一つ選びなさい。　**32**

① 17世紀半ばに締結されたユトレヒト条約 (Peace of Utrecht) は最初の国際条約である。

② 『戦争と平和の法』を著したグロティウス (Hugo Grotius) は「国際法の父」と呼ばれている。

③ 1925年に締結されたジュネーブ議定書 (Geneva Protocol) では核兵器の使用が禁止されている。

④ 国際連合の機関として，ニューヨーク (New York) を本部とする国際司法裁判所が設置されている。

問27 国際機関に関する記述として最も適当なものを，次の①〜④の中から一つ選びなさい。　**33**

① IAEAは原子力の軍事への転用を監視し，場合によっては武力を行使することができる国際機関である。

② UNICEFは世界遺産の認定など，文化的資産の保護を主な目的としている。

③ WHOはハーグ (The Hague) に本部を置き，世界の貧困の解消を主な目的としている。

④ WTOはGATTが発展的に解消して生まれた自由貿易促進を主たる目的とする国際機関である。

問28　クリミア戦争 (Crimean War) に関する記述として最も適当なものを，次の①～④の中から一つ選びなさい。　　　**34**

① 南下政策を進めるロシアと，それを警戒するフランス・イギリスとの対立が戦争の背景にあった。

② クリミア戦争に勝利したイギリスはトルコを植民地とした。

③ クリミア戦争に敗北したロシアでは，直後に十月革命 (October Revolution) が勃発した。

④ クリミア戦争の講和条約としてヴェルサイユ条約 (Treaty of Versailles) が締結された。

問29　19世紀のイタリア (Italy) の統一に関する記述として最も適当なものを，次の①～④の中から一つ選びなさい。　　　**35**

① イタリア統一運動の主導権を握ったのはロンバルディア王国の首相カヴールであった。

② ガリバルディは住民投票に基づいて，占領地シチリアの統治権をサルデーニャ王国に献上した。

③ ドイツ軍が普仏戦争で撤退したため，イタリア王国がローマ教皇領の併合を実現した。

④ 統一後のイタリアは南チロルとトリエステを編入し，「未回収のイタリア」問題は解消した。

注) ロンバルディア王国 (Kingdom of the Lombards)，カヴール (Camillo Paolo Filippo Giulio Benso)，ガリバルディ(Giuseppe Maria Garibaldi)，シチリア(Sicily)，サルデーニャ王国(Kingdom of Sardinia)，普仏戦争(Franco-Prussian War)，ローマ教皇領(Papal States)，南チロル(Tyrol)，トリエステ (Trieste)

問30　第一次世界大戦終結後から第二次世界大戦開戦までの出来事であるA〜Dを年代順に並べ替えたものとして正しいものを，次の①〜④の中から一つ選びなさい。　**36**

　　A：世界恐慌の発生

　　B：スペイン内戦の勃発

　　C：ワシントン会議の開催

　　D：ワイマール憲法の制定

　　①　D→B→C→A

　　②　B→C→A→D

　　③　D→C→A→B

　　④　C→D→B→A

注) 世界恐慌 (Great Depression), スペイン内戦 (Spanish Civil War), ワシントン会議 (Washington Naval Conference), ワイマール憲法 (Weimar Constitution)

問31　第二次世界大戦以降の中東に関する記述として最も適当なものを，次の①〜④の中から一つ選びなさい。　**37**

　　①　1979年のイラン革命 (Iranian Revolution) によって，イラン (Iran) の原油生産が激減し，第二次石油危機 (Oil Crisis) が発生した。

　　②　1980年に勃発したイラン・イラク戦争ではアメリカがイランへの支援をおこない，多くの武器がイランに流入した。

　　③　1991年にイランのクウェート (Kuwait) 侵攻がきっかけとなって湾岸戦争 (Gulf War) が勃発し，国連が多国籍軍を派遣した。

　　④　2010年代にイラク (Iraq) の反政府デモをきっかけに中東地域に民主化を求める「アラブの春」と呼ばれる運動が発生した。

問32　1989年，アメリカのブッシュ大統領とソ連（USSR）のゴルバチョフ書記長との間で会談が開かれ，冷戦終結が宣言された。この会談として正しいものを，次の①～④の中から一つ選びなさい。　**38**

①　マルタ会談（Malta Conference）

②　パリ和平会談（Paris Peace Accords）

③　ヤルタ会談（Yalta Conference）

④　ポツダム会談（Potsdam Conference）

注）ブッシュ（George H. W. Bush），ゴルバチョフ（Mikhail Sergeyevich Gorbachev）

総合科目の問題はこれで終わりです。解答欄の **39** 〜 **60** はマークしないでください。

この問題冊子を持ち帰ることはできません。

総合科目　JAPAN & THE WORLD

日本留学試験模擬試験
EJU Simulation Test for International Students

総合科目　解答用紙　JAPAN & THE WORLD ANSWER SHEET

受験番号
Examinee Registration Number

名前
Name

◀ あなたの受験票と同じかどうか確かめてください。 Check that these are the same as your Examination Voucher ◀

注意事項　Note

1. 必ず鉛筆（HB）で記入してください。
2. この解答用紙を汚したり折ったりしてはいけません。
3. マークは下のよい例のように、○のわく内を完全にぬりつぶしてください。

   Marking Examples.

よい例 Correct	悪い例 Incorrect
●	⊗ ⊘ ◎ ◑ ○

4. 訂正する場合はプラスチック消しゴムで完全に消し、消しくずを残してはいけません。
5. 解答番号は1から60まであります、問題のあるところまで答えてあとはマークしないでください。
6. 所定の欄以外には何も書いてはいけません。
7. この解答用紙はすべて機械で処理しますので、以上の1から6までが守られていないと採点されません。

解答番号	解答欄 Answer			
	1	2	3	4
1	①	②	③	④
2	①	②	③	④
3	①	②	③	④
4	①	②	③	④
5	①	②	③	④
6	①	②	③	④
7	①	②	③	④
8	①	②	③	④
9	①	②	③	④
10	①	②	③	④
11	①	②	③	④
12	①	②	③	④
13	①	②	③	④
14	①	②	③	④
15	①	②	③	④
16	①	②	③	④
17	①	②	③	④
18	①	②	③	④
19	①	②	③	④
20	①	②	③	④

解答番号	解答欄 Answer			
	1	2	3	4
21	①	②	③	④
22	①	②	③	④
23	①	②	③	④
24	①	②	③	④
25	①	②	③	④
26	①	②	③	④
27	①	②	③	④
28	①	②	③	④
29	①	②	③	④
30	①	②	③	④
31	①	②	③	④
32	①	②	③	④
33	①	②	③	④
34	①	②	③	④
35	①	②	③	④
36	①	②	③	④
37	①	②	③	④
38	①	②	③	④
39	①	②	③	④
40	①	②	③	④

解答番号	解答欄 Answer			
	1	2	3	4
41	①	②	③	④
42	①	②	③	④
43	①	②	③	④
44	①	②	③	④
45	①	②	③	④
46	①	②	③	④
47	①	②	③	④
48	①	②	③	④
49	①	②	③	④
50	①	②	③	④
51	①	②	③	④
52	①	②	③	④
53	①	②	③	④
54	①	②	③	④
55	①	②	③	④
56	①	②	③	④
57	①	②	③	④
58	①	②	③	④
59	①	②	③	④
60	①	②	③	④

第1回

問	問題番号	正解
問 1	1	**4**
	2	**3**
	3	**1**
	4	**1**
問 2	5	**3**
	6	**3**
	7	**3**
	8	**2**
問 3	9	**4**
問 4	10	**1**
問 5	11	**2**
問 6	12	**1**
問 7	13	**4**
問 8	14	**3**
問 9	15	**2**
問10	16	**4**
問11	17	**2**
問12	18	**1**
問13	19	**4**
問14	20	**2**

問	問題番号	正解
問15	21	**4**
問16	22	**3**
問17	23	**2**
問18	24	**3**
問19	25	**4**
問20	26	**3**
問21	27	**4**
問22	28	**1**
問23	29	**3**
問24	30	**3**
問25	31	**4**
問26	32	**2**
問27	33	**1**
問28	34	**4**
問29	35	**2**
問30	36	**1**
問31	37	**2**
問32	38	**1**

第 2 回

問	問題番号	正解
問 1	1	**1**
	2	**2**
	3	**1**
	4	**4**
問 2	5	**3**
	6	**3**
	7	**2**
	8	**4**
問 3	9	**4**
問 4	10	**1**
問 5	11	**2**
問 6	12	**3**
問 7	13	**1**
問 8	14	**4**
問 9	15	**1**
問 10	16	**4**
問 11	17	**2**
問 12	18	**4**
問 13	19	**3**
問 14	20	**2**

問	問題番号	正解
問 15	21	**4**
問 16	22	**3**
問 17	23	**2**
問 18	24	**1**
問 19	25	**2**
問 20	26	**1**
問 21	27	**4**
問 22	28	**1**
問 23	29	**1**
問 24	30	**3**
問 25	31	**3**
問 26	32	**2**
問 27	33	**1**
問 28	34	**2**
問 29	35	**4**
問 30	36	**3**
問 31	37	**3**
問 32	38	**4**

正解表

第3回

問	問題番号	正解	問	問題番号	正解
問1	1	4	問15	21	4
問1	2	2	問16	22	3
問1	3	4	問17	23	4
問1	4	1	問18	24	4
問2	5	2	問19	25	4
問2	6	3	問20	26	3
問2	7	2	問21	27	1
問2	8	1	問22	28	4
問3	9	4	問23	29	1
問4	10	1	問24	30	2
問5	11	3	問25	31	3
問6	12	3	問26	32	3
問7	13	2	問27	33	1
問8	14	3	問28	34	3
問9	15	4	問29	35	1
問10	16	4	問30	36	1
問11	17	2	問31	37	4
問12	18	2	問32	38	2
問13	19	2			
問14	20	1			

第4回

問	問題番号	正解
問1	1	**2**
	2	**4**
	3	**3**
	4	**3**
問2	5	**1**
	6	**3**
	7	**2**
	8	**2**
問3	9	**4**
問4	10	**3**
問5	11	**4**
問6	12	**2**
問7	13	**2**
問8	14	**2**
問9	15	**1**
問10	16	**2**
問11	17	**2**
問12	18	**4**
問13	19	**1**
問14	20	**4**

問	問題番号	正解
問15	21	**2**
問16	22	**1**
問17	23	**2**
問18	24	**4**
問19	25	**1**
問20	26	**4**
問21	27	**1**
問22	28	**3**
問23	29	**4**
問24	30	**1**
問25	31	**3**
問26	32	**3**
問27	33	**3**
問28	34	**3**
問29	35	**1**
問30	36	**1**
問31	37	**1**
問32	38	**4**

第 5 回

問	問題番号	正解	問	問題番号	正解
問 1	1	2	問15	21	2
	2	3	問16	22	3
	3	2	問17	23	4
	4	1	問18	24	1
問 2	5	1	問19	25	3
	6	3	問20	26	2
	7	4	問21	27	1
	8	2	問22	28	1
問 3	9	2	問23	29	4
問 4	10	1	問24	30	3
問 5	11	4	問25	31	3
問 6	12	4	問26	32	3
問 7	13	4	問27	33	3
問 8	14	1	問28	34	3
問 9	15	2	問29	35	1
問10	16	2	問30	36	1
問11	17	4	問31	37	2
問12	18	1	問32	38	4
問13	19	4			
問14	20	2			

第6回

問	問題番号	正解
問 1	1	**2**
	2	**4**
	3	**3**
	4	**3**
問 2	5	**2**
	6	**1**
	7	**3**
	8	**4**
問 3	9	**3**
問 4	10	**2**
問 5	11	**4**
問 6	12	**1**
問 7	13	**4**
問 8	14	**1**
問 9	15	**4**
問 10	16	**2**
問 11	17	**4**
問 12	18	**1**
問 13	19	**3**
問 14	20	**3**

問	問題番号	正解
問 15	21	**2**
問 16	22	**3**
問 17	23	**4**
問 18	24	**2**
問 19	25	**1**
問 20	26	**2**
問 21	27	**1**
問 22	28	**2**
問 23	29	**1**
問 24	30	**2**
問 25	31	**1**
問 26	32	**4**
問 27	33	**4**
問 28	34	**4**
問 29	35	**3**
問 30	36	**1**
問 31	37	**3**
問 32	38	**2**

第7回

問	問題番号	正解
問1	1	4
	2	4
	3	3
	4	3
問2	5	1
	6	3
	7	1
	8	3
問3	9	2
問4	10	4
問5	11	4
問6	12	1
問7	13	4
問8	14	4
問9	15	2
問10	16	4
問11	17	4
問12	18	2
問13	19	1
問14	20	3

問	問題番号	正解
問15	21	2
問16	22	2
問17	23	3
問18	24	2
問19	25	2
問20	26	1
問21	27	1
問22	28	1
問23	29	4
問24	30	2
問25	31	1
問26	32	3
問27	33	4
問28	34	3
問29	35	3
問30	36	1
問31	37	2
問32	38	3

第 8 回

問	問題番号	正解
問 1	1	3
	2	4
	3	1
	4	3
問 2	5	4
	6	3
	7	1
	8	3
問 3	9	3
問 4	10	4
問 5	11	1
問 6	12	4
問 7	13	2
問 8	14	1
問 9	15	4
問 10	16	1
問 11	17	2
問 12	18	3
問 13	19	4
問 14	20	2

問	問題番号	正解
問 15	21	2
問 16	22	2
問 17	23	2
問 18	24	1
問 19	25	2
問 20	26	3
問 21	27	1
問 22	28	2
問 23	29	2
問 24	30	3
問 25	31	4
問 26	32	2
問 27	33	4
問 28	34	3
問 29	35	4
問 30	36	1
問 31	37	1
問 32	38	3

第9回

問	問題番号	正解
問1	1	2
	2	4
	3	3
	4	1
問2	5	2
	6	4
	7	3
	8	3
問3	9	1
問4	10	4
問5	11	4
問6	12	1
問7	13	2
問8	14	3
問9	15	3
問10	16	2
問11	17	4
問12	18	3
問13	19	2
問14	20	1

問	問題番号	正解
問15	21	1
問16	22	2
問17	23	2
問18	24	3
問19	25	1
問20	26	2
問21	27	1
問22	28	2
問23	29	4
問24	30	3
問25	31	3
問26	32	1
問27	33	4
問28	34	4
問29	35	4
問30	36	3
問31	37	1
問32	38	1

第 10 回

問	問題番号	正解
問 1	1	**2**
	2	**3**
	3	**3**
	4	**2**
問 2	5	**3**
	6	**1**
	7	**2**
	8	**1**
問 3	9	**4**
問 4	10	**4**
問 5	11	**1**
問 6	12	**2**
問 7	13	**1**
問 8	14	**4**
問 9	15	**3**
問 10	16	**2**
問 11	17	**1**
問 12	18	**3**
問 13	19	**3**
問 14	20	**2**

問	問題番号	正解
問 15	21	**3**
問 16	22	**2**
問 17	23	**2**
問 18	24	**4**
問 19	25	**1**
問 20	26	**3**
問 21	27	**1**
問 22	28	**3**
問 23	29	**4**
問 24	30	**3**
問 25	31	**4**
問 26	32	**2**
問 27	33	**4**
問 28	34	**1**
問 29	35	**2**
問 30	36	**3**
問 31	37	**1**
問 32	38	**1**

解　説

第1回

問1

⑴　**1**　正解：④

　①はエディンバラ，②はマンチェスター，③はバーミンガムである。

⑵　**2**　正解：③

A：ボストン茶会事件　1773年

D：アメリカ合衆国憲法の制定　1787年

C：フランス人権宣言の制定　1789年

B：ロベスピエールの処刑　1794年

⑶　**3**　正解：①

　アメリカとブラジルは大豆の2大生産国である。大部分は食用ではなく油脂，燃料，飼料として使用される。

⑷　**4**　正解：①

② 北アイルランド紛争は，北アイルランドの領有をめぐるイギリスとアイルランドの間の紛争である。

③ ジブラルタルは，スペイン継承戦争後にスペインからイギリスに割譲されて以来イギリス領であるが，スペインは返還を要求し，今日まで紛争が続いている。

④ チェチェン紛争は，ロシア連邦からの分離独立を求めるチェチェン共和国とロシアとの紛争である。

問2

⑴　**5**　正解：③

　中南米はスペインやポルトガルが植民地化したことから，カトリック教徒が多い。フィリピンもカトリック教徒が多いが，メキシコのほうが人口が多いので，③が正解である。①はバングラデシュ，②はロシア，④はフィリピンである。

⑵　**6**　正解：③

① シモン・ボリバルはベネズエラ出身のラテンアメリカ独立運動の指導者である。

② トゥサン・ルヴェルチュールはハイチ独立運動の指導者である。

④ サン・マルティンはアルゼンチン出身のラ

テンアメリカ独立運動の指導者である。

⑶　**7**　正解：③

　AとBは自給率が100％未満（純輸入国）である。タイをはじめとしてアジア諸国の多くは純輸入国である。イギリスは北海油田の開発により長年輸出国であったが，2000年代以降は生産が減少し輸入国に転じている。CとDは自給率が100％超（純輸出国）である。サウジアラビアとロシアは，原油輸出量でみるとそれぞれ1位と2位の石油大国である。

⑷　**8**　正解：②

　USMCA（米国・メキシコ・カナダ協定）は，アメリカ，カナダ，メキシコによる自由貿易協定であり，2020年にNAFTA（北米自由貿易協定）に代えて発効した。MERCOSURは南米南部共同市場（南アメリカ諸国の関税同盟），ASEANは東南アジア諸国連合，EFTAは欧州自由貿易連合である。

問3　**9**　正解：④

　売りたいと思う価格の下限（生産コスト）が買いたいと思う価格の上限（支払い可能額）を上回っているために，需要曲線と供給曲線の均衡点が存在しない。

問4　**10**　正解：①

　GDP（国内総生産）が「国内で」生み出された付加価値の合計であるのに対して，GNI（国民総所得）は「国民が」生み出した付加価値の合計である。両者の違いは，「海外から受け取った所得」から「海外に支払った所得」を引いたものであり，これを「海外からの純所得」という。

問5　**11**　正解：②

　出資者は出資額に応じた有限の責任を負い，出資額を超えた金額を弁償する義務はない。

問6　**12**　正解：①

　西ヨーロッパの大部分の国では，労働時間がアメリカや日本などに比べて短い。また，日本

では1990年代に労働時間の著しい減少がみられたが，これは主にパートタイム労働者比率の増加によるものである。

問7 **13** 正解：④

日本の社会保障制度には「社会保険」，「社会福祉」，「公的扶助」，「公衆衛生」の4つの柱がある。

問8 **14** 正解：③

中央銀行が国債等の有価証券の売買をおこなうことを「公開市場操作」といい，代表的な金融政策となっている。不況時には，有価証券を買い入れることによって市場に資金を供給する（買いオペレーション）。好況時にはこれと逆に，景気の過熱を防ぐために売りオペレーションを実施する。
① 民間金融機関は預金の一定割合（預金準備率）を準備金として中央銀行に預け入れることを義務付けられており，預金準備率を操作して民間金融機関の資金量を調節することは中央銀行の金融政策の一つである。
② 公定歩合は金融政策に用いられる政策金利である。現在日本では，公定歩合操作はおこなわれていない。

問9 **15** 正解：②

法人税や相続税など税を負担する者が直接納める税金を直接税といい，そのうち最も大きいのは所得税である。一方，税負担者と納税義務者が異なる税金を間接税といい，そのうち最も大きいのは消費税である。

問10 **16** 正解：④
① 市中消化の原則により，日銀が国債発行を直接引き受けることは原則禁止されている。なお，買いオペレーションにより民間の金融機関から購入した国債を保有することはあり得る。
② 日本では建設国債は1966年から発行されている。
③ 日本の国債依存度は，近年では30％〜60％台で推移している。

問11 **17** 正解：②

予算の金額は，120億円÷100円＝1.2億ドル。実際の販売額は，99億円÷90円＝1.1億ドル。よって差額は1.2億ドル−1.1億ドル＝1000万ドル。

問12 **18** 正解：①
② 第一次石油危機の原因は，イラン・イラク戦争ではなく第四次中東戦争である。
③ 第二次石油危機のきっかけは，第四次中東戦争ではなくイラン革命の混乱によるイランの原油生産停止である。
④ 金ドル兌換制度の停止（ニクソン・ショック）は1971年である。アメリカにおける金の大量流出がきっかけであり，石油危機とは無関係である。

問13 **19** 正解：④

トラストを審査するのは，内閣府の外局として位置づけられた公正取引委員会である。一方，カルテルとは，寡占状態にある同一業種の企業が競争を避けて利益を確保するために価格や生産量などについて協定を結ぶことであり，独占禁止法によって禁止されている。

問14 **20** 正解：②

西岸海洋性気候において，冬は暖流と偏西風によって暖かい空気が送られるため，大陸東岸などと比較すると，緯度の割に寒くない。ニューヨークは，温暖湿潤気候である。

問15 **21** 正解：④

フィヨルドに関する記述である。地図に示されたノルウェー（スカンディナヴィア半島西岸）以外にも，ニュージーランド南島西岸やチリ南部西岸にみられる。

問16 **22** 正解：③

チリが世界最大の銅生産国であることが大きなヒントになる。

問17 **23** 正解：②

塗りつぶされている国は左からブラジル，アンゴラ，モザンビークであり，いずれもポルトガルから独立した国である。

問18 24 正解：③

ミラノはイタリア北部の都市である。

問19 25 正解：④

① 国連児童基金 (UNICEF) に関する記述である。

② 国連難民高等弁務官事務所 (UNHCR) に関する記述である。

③ 国際労働機関 (ILO) に関する記述である。

問20 26 正解：③

① 国政調査権を発動するのに天皇の承認は不要である。

② 三権分立の原則から，裁判所の権限の行使に対して介入するような国政調査権は認められない。

④ 国政調査権の範囲は行政全般が含まれる。

問21 27 正解：④

① 日本の地方議会はいずれも一院制である。

② 市町村長は住民による選挙で選ばれ，住民に解職請求権（リコール）がある。

③ 地方議会の議員は，国会議員と異なり，不逮捕特権は与えられていない。

問22 28 正解：①

自己決定権とは，個人的な事柄について自由に決定する権利である。住民基本台帳法は1967年に制定された。2002年に開始した住民基本台帳ネットワークシステム（住基ネット）はプライバシーの侵害であるとの議論がおきている。

問23 29 正解：③

王権神授説とは，国王の権力は神から与えられた神聖不可侵なものであるという考えである。一方，社会契約説とは，国家は個人相互間の自由意志に基づく契約によって成立するという理論である。ホッブズ，ロック，ルソーはいずれも社会契約説を唱えた思想家である。『統治二論』（『市民政府二論』）を著したのはロックであり，ルソーの主な著書は『社会契約論』である。

問24 30 正解：③

① スウェーデンは現在，一院制を採用している。

② ロシアの大統領は国民による直接選挙で選出される。

④ アメリカでは上院議員・下院議員とも直接選挙で選出される。一方，アメリカに首相という役職は存在しない。

問25 31 正解：④

① 自衛隊は圧力団体ではない。

② 圧力団体は政権の取得を直接目指すことをしない。

③ 団体から政党への献金は認められている。政治献金は圧力団体の活動として代表的なものである。

問26 32 正解：②

マックス・ウェーバーの支配三類型とは，伝統的支配，カリスマ的支配，合法的支配である。

問27 33 正解：①

② ヴェルサイユ条約は，第一次世界大戦後に連合国とドイツの間で締結された講和条約である。

③ ウィーン条約（ウィーン議定書）は，ウィーン会議で調印されたヨーロッパ列国の国際的取り決めである。

④ ユトレヒト条約は，スペイン王位継承戦争を終結させるためにイギリス，スペイン，フランスとその同盟国間で締結された講和条約である。

問28 34 正解：④

アヘン戦争は，イギリスのアヘン密輸問題をきっかけに，イギリスと清との間で勃発した。南京で講和条約が締結され，敗北した清がイギリスに対して香港の割譲を認めた。

① 北清事変は，反キリスト教による反乱（義和団の乱）に影響されて清政府が起こした連合軍との戦争である。

② 太平天国の乱は，キリスト教信者である洪秀全を中心とした農民による反乱である。

③ 戊戌の変法は，康有為らが推進した清朝の政治改革運動である。

問29 35 正解：②

C：黒船来航　1853年

D：明治憲法の制定　1889年

A：日清戦争の勃発　1894年

B：三国干渉　1895年

問30　36　正解：①

　第一次世界大戦開始前，バルカン半島での列強各国の対立は一触即発の状況にあった。

問31　37　正解：②

① アメリカのニューディール政策に関する記述である。
③ ドイツのナチス党に関する記述である。
④ ソビエト連邦の五か年計画に関する記述である。

問32　38　正解：①

　減反政策とは，1970年頃から開始された米の生産量を抑える政策である。

第2回

問1
⑴　1　正解：①
　モルディブはインド洋にあり，インドの南西に位置する。
⑵　2　正解：②
① イギリスは議会で選出された首相によって内閣が組織される議院内閣制である。
③ イギリス上院の議員は世襲貴族などの終身議員であり，選挙はなく任命制である。
④ イギリスの裁判所は違憲立法審査権を持たない。
⑶　3　正解：①
A：日米安全保障条約の改定　1960年
B：東京オリンピックの初開催　1964年
D：公害対策基本法の公布　1967年
C：日本のGNPが世界第二位に上昇　1968年
⑷　4　正解：④
　モルディブは地球温暖化による海面上昇が懸念されている。他にも，オランダ，太平洋上のツバル，ナウル，キリバスなども同じ問題を抱えている。

問2
⑴　5　正解：③
① 米墨戦争で勝利したアメリカは，カリフォルニアとニューメキシコを獲得した。
② 黒人奴隷制は廃止されたが，黒人差別は法的に解消されなかった。法的に禁止されたのは公民権法が成立した1964年である。
④ 第一次世界大戦でアメリカはドイツと戦い勝利を収めた。ロシアとは戦っていない。
⑵　6　正解：③
① 国民によって選出された大統領選挙人が大統領を選挙する間接選挙である。
② 大統領は連邦議会から不信任されることはない。
④ 大統領には連邦議会の解散権がない。
⑶　7　正解：②
　ミシシッピ州，ジョージア州を中心としたコットンベルト（綿花地帯）と呼ばれる地域を指す。
⑷　8　正解：④
　地熱発電の資源を有しているのは火山の多い国であり，アメリカとニュージーランドがこれにあてはまる。

問3　9　正解：④
① 課税による取引数量の変化は$Q_3 - Q_2$で表される。
② 課税による価格の変化は$P_2 - P_1$で表される。
③ 課税後の価格はP_2で表される。

問4　10　正解：①
　新規企業が参入して既存企業の利益が減少するのは，通常の完全競争市場でおきる事象である。

問5　11　正解：②
　三つの面は，生産国民所得，分配国民所得，支出国民所得とも呼ばれる。分配国民所得のうち，家計収入は「雇用者報酬」，企業収入は「営業余剰＋固定資本減耗」，政府収入は「間接税－補助金」などと表現されることも多い。

問6　12　正解：③
①『政治経済学の国民的体系』を著したリストは，関税による国内産業の保護に基づく経済発展を主張した。
②『雇用・利子および貨幣の一般理論』はケインズの著書である。
④『経済学および課税の原理』を著したリカー

ドは，積極的な国際貿易を主張した。

問7 13 正解：①
② 不況時には買いオペレーションを実施する。
③ 日本銀行は一般市民への資金の貸付は実施しない。
④ 公開市場操作ができるが，国債の直接引き受けは禁止されている。

問8 14 正解：④
累進課税とは，収入が増えるにしたがって収入に対する課税額の割合が大きくなる制度である。

問9 15 正解：①
株主は株主総会に出席する権利があるが，義務ではない。
② 株式会社は出資金を返済する義務を負わない。
③ 株式会社の最高意思決定機関は株主総会である。
④ 株主は原則として1株当たり1個の議決権を有している。

問10 16 正解：④
スティーブンソンは蒸気機関車を実用化した。ハーグリーブスは多軸紡績機を発明した。ジョン・ケイは飛び杼を発明した。また，エンクロージャーとはイギリスでおこった土地囲い込み運動のことであり，地主などが集約農業をおこなうために小作人の農地を取り上げようとしたものである。

問11 17 正解：②
① ダンピングとは，不当に安い価格で商品を販売することである。
③ カルテルとは，同一業種の複数の企業が販売価格などに関する協定を結ぶことである。
④ コンツェルンとは，複数の企業が親会社を頂点として企業集団を形成する形態を指す。

問12 18 正解：④
「国民所得倍増計画」は，翌年からの10年間に実質国民総生産を倍増させるという計画であり，現実の経済成長はこの計画を上回った。

問13 19 正解：③
為替相場は1ドルに対して150＋50＝200円である。アメリカで金1オンスを購入すると40ドルかかる。日本での売却価格は6000円であり，これをドルに換算すると6000÷200＝30ドルとなるので，40－30＝10ドルの損失となる。逆に，日本で金1オンスを購入すると6000円かかる。アメリカでの売却価格は40ドルであり，これを円に換算すると40×200＝8000円となるので，8000－6000＝2000円の利益を得ることができる。

問14 20 正解：②
フランスのセーヌ川河口は代表的なエスチュアリー（三角江）である。扇状地とは，河川が山地から平地に出たところに土砂などが堆積してできる扇状の地形である。フィヨルドとは，氷河による浸食作用によって生じたU字谷に海水が流れ込んで形成される複雑な地形の湾や入り江である。デルタ（三角州）とは，河川によって運ばれた土砂が河口付近に堆積することによってできる三角形の地形である。

問15 21 正解：④
日本の発電の中心は火力発電であり，原子力発電の割合は2011年の東日本大震災以降小さくなっている。また，フランスが原子力発電に大きく頼っている点，カナダが豊富な水力資源を有している点，中国の電源の大部分が石炭である点もヒントになる。

問16 22 正解：③
国連環境開発会議は地球サミットとも呼ばれ，気候変動枠組条約を採択するなどの成果をあげた。「持続可能な開発」とは，現在の世代のみならず将来世代のニーズを満たせるように，開発と環境保全の両立が必要不可欠であるとする考え方である。
①「かけがえのない地球」は，1972年にストックホルムで開催された国連人間環境会議のキャッチフレーズである。
② 垂直的公平とは，税の負担能力の大きい人により大きな負担を求めることが公平であるとの考え方である。
④ 最恵国待遇とは，通商条約等において，最

も良い待遇の国と同等の待遇をすべての条約締結国にも適用されるという約束である。

問17 **23** 正解：②

季節によって気温が変動し，12〜2月に気温が高く6〜8月に気温が低いことから，この地域は南半球の赤道から離れた場所に位置し，12〜2月が夏であることがわかる。降水量を見ると夏に乾燥するため，気候区分では地中海性気候となり，②の南アフリカ南部（ケープタウン）が正解となる。

問18 **24** 正解：①

線分ABの中央付近には，標高4000m超のモンブランを有するアルプス山脈がある。また，マドリード寄りでは標高3000m超のピレネー山脈を通過する。

問19 **25** 正解：②

① ロックは著書『統治二論（市民政府二論）』の中で「自然権を維持するために個人が契約を結んで国家を作り上げた」と説いた。
③ モンテスキューは著書『法の精神』の中で三権分立論を唱えた。
④ ホッブズは著書『リヴァイアサン』の中で「万人の万人に対する闘争」を主張した。

問20 **26** 正解：①

② 内閣総理大臣は，衆議院議員または参議院議員の中から選出される。ただし，過去に参議院から選出された内閣総理大臣はいない。
③ 内閣総理大臣が閣僚の国務大臣を罷免できる。参議院はその権限を有さない。
④ 弾劾裁判所の裁判員として，衆議院・参議院からそれぞれ7人の国会議員が選出される。

問21 **27** 正解：④

① 一事不再理に関する記述である。
② 令状主義に関する記述である。
③ 黙秘権に関する記述である。

問22 **28** 正解：①

② 下級裁判所の裁判官は，最高裁判所の指名した者の名簿によって内閣が任命する。

③ 日本には憲法裁判所は存在しない。終審裁判所である最高裁判所に関する記述である。
④ 最高裁判所長官は，内閣が指名し，天皇が任命する。

問23 **29** 正解：①

日本の衆議院議員選挙で採用されている小選挙区比例代表並立制は，小選挙区と比例代表で議席が別々に割り振られる制度である。なお，プロパガンダとは，政治的意図をもつ宣伝のことである。

問24 **30** 正解：③

オンブズマンとは，行政機関に対する苦情の処理をする行政監察官である。公聴会とは，国や地方公共団体などが重要な事項を決定するにあたり，利害関係者や学識経験者などを呼んで意見を聞く制度である。地方自治体では，有権者の署名により議員や首長などの解職（リコール）を請求できる。レファレンダムとは，民意を問うための国民投票・住民投票のことである。

問25 **31** 正解：③

① 労働組合を結成することは団結権によって保障されている。
② 労働三権は，日本国憲法で初めて明記された。
④ 賃金などの労働条件に関する交渉をおこなう権利は，団体交渉権として規定されている。

問26 **32** 正解：②

①「平和のための結集」は，安全保障理事会が大国の拒否権行使により安全保障の機能を発揮できないときに総会が代わりにその機能を果たすためのものである。
③ 総会決議は，安全保障理事会決議とは異なり，世論の重みや道徳的な権威はあるものの法的拘束力はない。
④ 常任理事国が拒否権を有するのは，安全保障理事会決議である。

問27 **33** 正解：①

ドイツの社会学者マックス・ウェーバーは，ドイツにおける官僚政治の問題を「官僚支配」と呼び批判した。

② ヘーゲルは弁証法哲学を提唱したドイツの哲学者である。

③ エドマンド・バークは政党を定義したイギリスの政治思想家である。

④ イマヌエル・カントは国際平和機構の設立を提唱したドイツの哲学者である。

問28 34 正解：②

17～18世紀の三角貿易では，イギリスはアフリカに武器や雑貨を輸出し，アフリカから黒人奴隷を西インド諸島・アメリカ大陸に運び，西インド諸島・アメリカ大陸からタバコ・綿花・砂糖・コーヒーなどを輸入した。

問29 35 正解：④

A：バスティーユ襲撃　1789年
B：ルイ16世の処刑　1793年
D：ブリュメール18日クーデター　1799年
C：ナポレオンの大陸封鎖令　1806年

問30 36 正解：③

日露戦争の勃発より前に，日本とイギリスは日英同盟を締結していた。また，日露戦争の講和条約はポーツマス条約であり，下関条約は日清戦争の講和条約である。

問31 37 正解：③

① ノルマンディー上陸作戦の指揮をとったのはアイゼンハウアー元帥である。

② ド・ゴールの亡命先はジュネーブではなくロンドンである。

④ ドイツとソ連に分割されたのはチェコスロバキアではなく，ポーランドであった。

問32 38 正解：④

西側諸国が北大西洋条約機構（NATO）を結成したのは1949年である。

第3回

問1

(1) 1 正解：④

ジェームズ・クックが通過し海峡であることを発見したことにちなんで名づけられた。他に

もポリネシアのクック諸島など，彼に由来する地名が数多くある。

(2) 2 正解：②

ニュージーランドの政治体制は，イギリス女王を国家元首とする立憲君主制である。

(3) 3 正解：④

ニュージーランドは1893年に世界で初めて女性に参政権を与えた国であるほか，3人の女性首相が誕生しているなど女性が活躍している先進国である。

(4) 4 正解：①

ニュージーランドを訪れる中国人観光客の増加が著しく，隣国のオーストラリアに次ぐ第2位となっている。

問2

(1) 5 正解：②

(2) 6 正解：③

①七月革命は1830年，②ワーテルローの戦いは1815年，③フランス第二帝政の開始は1852年，④フランス人権宣言の採択は1789年である。

(3) 7 正解：②

EU加盟国でもユーロが導入されていない国としては，デンマーク，スウェーデン，ブルガリア，チェコ，ハンガリー，ポーランド，ルーマニア，クロアチアの8ヵ国がある。

(4) 8 正解：①

② 大統領は国民による直接選挙で選ばれる。

③ 下院が優越する。国民議会の解散権は大統領にある。

④ 大統領に大きな権限があり，半大統領制と呼ばれる。

問3 9 正解：④

「見えざる手」（市場の調整機能）によって個人の利己的な行動が社会全体の利益をもたらすと主張した。

問4 10 正解：①

② スタグフレーションとは，景気後退と物価の上昇が同時に起きる現象である。

③ ディマンド・プル・インフレとは，需要量の増大による物価の上昇である。

④ ハイパー・インフレーションとは，短い期間での急激な物価の上昇である。

問5 **11** 正解：③

① 合同会社は，すべての社員が有限責任社員である。

② 合名会社はすべての社員が無限責任社員であるのに対して，合資会社は，有限責任社員と無限責任社員がそれぞれ最低1人ずつ必要である。

④ 現在日本では株式に額面という概念は存在しない。なお，株式会社は低額面の株式を多く発行することによって，多額の資金を集めることができる。

問6 **12** 正解：③

① 円高になると，輸出する商品の価格が上がるため競争力が低下し，輸出企業は利益を出しにくくなる。

② 円高になると，外貨建て金融資産の円での価値が下がる。この損失を為替差損という。

④ 円高になると，両替できる日本円金額は目減りすることになるため，訪日外国人観光客は減少する。

問7 **13** 正解：②

火葬サービスは，生活必需品と同様に最低限必要なサービスであるため，価格が大きく変動しても需要量は変動しにくく，価格弾力性は低い。

① 短時間で大量生産が可能な商品は，価格の変化に応じて供給量を大きく調節できるので，供給の価格弾力性が大きい。

③ 生活必需品は，価格が変動しても需要量は大きく変わらないので，需要の価格弾力性が小さい。

④ 農作物は，価格が変動しても供給量を容易に調節することができないので，供給の価格弾力性が小さい。

問8 **14** 正解：③

① 三井・三菱・住友などの財閥が幕末から明治にかけて形成され，第二次世界大戦後に解体されるまで存在した。独占禁止法が制定されたのも第二次世界大戦後のことである。

② 持株会社は解禁されており，上場についても可能である。

④ 独占禁止法により，一定の取引分野における競争を実質的に制限するような合併等は禁止されている。

問9 **15** 正解：④

① 海外に営業拠点を持つ銀行に対して8％以上の自己資本比率が要求された。

② 日本振興銀行が経営破綻し，日本初のペイオフ発動となった。

③ 護送船団方式と呼ばれる金融機関の保護政策は，戦後に始まり1990年代までおこなわれていた。

問10 **16** 正解：④

金融引き締めとは，中央銀行が景気の過熱を抑えるために実施する公開市場操作（売りオペレーション）などの金融政策を指す。

問11 **17** 正解：②

各国がそれぞれ半数ずつ労働者をワインと毛織物に割り当てた場合，A国のワインの生産量：1800人÷60人＝30単位　B国のワインの生産量：1800人÷120人＝15単位　A国の毛織物の生産量：1800人÷90人＝20単位　B国の毛盛物の生産量：1800人÷100人＝18単位よって，総生産量＝30＋15＋20＋18＝83単位。比較生産費説に基づいて優位な財に特化した場合には，A国がワインに特化し，B国が毛織物に特化するので，A国のワインの生産量：3600人÷60人＝60単位　B国の毛盛物の生産量：3600人÷100人＝36単位よって，総生産量＝60＋36＝96単位。したがって，総生産量の差は，96－83＝13単位。

問12 **18** 正解：②

長野県は，内陸性気候で夏に雨が少ないことから果物の栽培に適している。

問13 **19** 正解：②

日本列島は，標高の高い山脈を中心に太平洋側と日本海側に分かれているので，山から沿岸部に流れる河川は短く急勾配となる。

③ 日本で最も長い河川は，信濃川である。

④ 琵琶湖には多数の河川が流入している。

問14 20 正解：①

12時間飛行すると，日本時間の12月3日6時に到着するため，時差は12月3日6時－12月2日13時＝17時間。経度では17×15＝255度の違いとなるので，東経135度の日本から255度離れた西経120度付近にある都市が正解となる。

問15 21 正解：④

ケニアなどアフリカ各国の合計特殊出生率は，低下傾向にあるもののきわめて高い水準にある。また，中国は一人っ子政策により1990年代までに合計特殊出生率を大きく低下させている。

問16 22 正解：③

正距方位図法は，名称のとおり，中心からの距離と方位が正しく表される図法である。

問17 23 正解：④

扇状地とは，河川が山地から平地に出たところに土砂などが堆積してできる扇状の地形である。リアス海岸とは，狭い湾が複雑に入り組んだ海岸である。

問18 24 正解：④

夏季の平均気温が高く降水が多い，冬の気温が低く降水は比較的に少なく，四季の変化が明瞭である。これは，東京など温暖湿潤気候に当てはまる。

問19 25 正解：④

正しい組み合わせは以下のとおりである。
ラムサール条約：水鳥の生息地である湿地の保護
モントリオール議定書：フロンガスの排出量の規制
京都議定書：地球温暖化に関する原因物質の排出削減

問20 26 正解：③

憲法第21条では，集会・結社・表現の自由，検閲の禁止，通信の秘密を規定している。
●注意点
　特に中国人留学生がよく検閲を閲兵と勘違いするが，検閲とは公権力が，出版物等や言論を精査し，国家が不適当と判断したものを取り締まる行為である。

問21 27 正解：①

② 天皇の国事行為は，内閣の助言と承認に基づいておこなわれる。
③ 国務大臣の過半数は国会議員でなければならない。
④ 最高裁判所長官は，内閣の指名により天皇から任命を受ける。

問22 28 正解：④

サウジアラビアは，実質的な立法権・行政権とも国王に属する絶対君主国家である。
① アメリカは民主党と共和党の二大政党制である。
② イギリスは伝統的に労働党と保守党による二大政党制で運営されてきた。
③ 日本は多党制であり，その中で55年体制は自由民主党による一党優位制であった。

問23 29 正解：①

② 小選挙区制では，小党分立を防ぎ政局が安定しやすいが，死票が出やすく少数派の意見が反映されにくい。
③ 大選挙区制では，死票が少ないが，小党分立により政局が不安定になりやすい。
④ 中選挙区制は大選挙区制の一種であり，1選挙区から3～5名の議員を選出する。

問24 30 正解：②

ドント式では，下の図のように，得票数を自然数（1, 2, 3, …6）で小さいほうから割っていき，商の大きい順に議席を配分する。

	A党	B党	C党	D党
得票数	3,000	2,100	800	100
÷1	3,000[1]	2,100[2]	800 [6]	100
÷2	1,500[3]	1,050[4]	400	50
÷3	1,000[5]	700	266	33
÷4	750	525	200	25
÷5	600	420	160	20
÷6	500	350	133	16
当選者数	3人	2人	1人	0人

したがって，B党には[2]と[4]の2議席が配分される。

問25 **31** 正解：③
① 世界で初めて社会権を明記した法典は，ドイツのワイマール憲法である。
② アメリカ独立宣言では，奴隷や先住民であるインディアンの人権が認められなかった。
④「請求権」は日本国憲法で明示されており，「新しい人権」には含まれない。

問26 **32** 正解：③
　ルイ18世はルイ16世の弟であり，ナポレオンの退位後に王政復古を実現させた。

問27 **33** 正解：①
① マハトマ・ガンディーは，非暴力・不服従の理念のもとでインド独立運動を指導した。計5回にわたりノーベル平和賞の候補になったが，最後はノミネート直後に暗殺され，受賞に至っていない。
② セオドア・ローズベルトは，アメリカ大統領として日露戦争の講和を斡旋したことが受賞理由となった。
③ ゴルバチョフは，アメリカ大統領と会談して平和的に冷戦を終結させたことが受賞理由となった。
④ ネルソン・マンデラは，南アフリカの人種差別政策であるアパルトヘイト制度を平和的に終結させたことが受賞理由となった。

問28 **34** 正解：③
　1898年の米西戦争に勝利したアメリカは，フィリピンやプエルトリコなどのスペイン領植民地を獲得し，キューバを保護国化した。また同年，ハワイ島を併合し，カリブ海と太平洋の領土を拡大した。

問29 **35** 正解：①
② ドイツはカメルーン，南西アフリカ，東アフリカなどの植民地を得た。
③ ベルギーはアフリカ中部に進出し，コンゴを植民地にした。
④ 横断政策をとるフランスと縦断政策をとるイギリスとの間でファショダ事件が発生した。

問30 **36** 正解：①
② ロシア軍がタンネンベルクでドイツ軍に敗

れたのは，第一次世界大戦中である。
③ 第二次世界大戦は航空機主体の戦いとなった。
④ ヤルタ会談にはアメリカのフランクリン・ローズベルト，イギリスのチャーチル，ソ連のスターリンが出席した。

問31 **37** 正解：④
① タイは東南アジア諸国の中で唯一植民地化を免れた。
② ケマルはトルコの建国の父と呼ばれ，インドネシアとは関係ない。
③ 東ティモールではなくインドに関する記述である。

問32 **38** 正解：②
D：アジア・アフリカ会議の開催　1955年
B：日韓基本条約の調印　1965年
C：ソ連によるアフガニスタン侵攻　1979年
A：日米構造協議の開始　1989年

第4回

問1
⑴ **1** 正解：②
　①はエストニア，③はリトアニア，④はロシア（飛び地）である。
⑵ **2** 正解：④
① ロシア連邦初代大統領として資本主義への転換を図ったのはエリツィンである。
② ペレストロイカを進めたのはゴルバチョフである。
③ コソボは2008年にセルビアからの独立を宣言した。
⑶ **3** 正解：③
　フランス，ドイツ，スペインはいずれも二院制である。
⑷ **4** 正解：③
　キューバの公用語はスペイン語である。

問2
⑴ **5** 正解：①
　ノーベルの出身地はスウェーデンである。スウェーデンの立憲君主制は象徴君主制とも評さ

れる。

② オランダに関する記述である。

③ インドネシアに関する記述である。

④ ブラジルに関する記述である。

⑵ **6** 正解：③

① 中央銀行は一般市民への資金の貸付をおこなわない。

② 地方自治体の資金の管理は民間の金融機関の役割であり，中央銀行がおこなうことはない。

④ 中央銀行は好況時には，景気の過熱を防ぐために公定歩合と呼ばれる利子率を引き上げる。現在の日本では，公定歩合は政策金利の役目を果たさなくなり，名称も使われなくなった。

⑶ **7** 正解：②

国際赤十字社は現在は国際NGO（非政府組織）であり，戦争の際に敵味方を区別せず中立な立場で人道的支援をおこなう。

⑷ **8** 正解：②

佐藤栄作首相は「核兵器を持たず，作らず，持ち込ませず」の非核三原則を提唱し，核拡散防止など国際的和解政策を進めたことが受賞理由となった。

問3 **9** 正解：④

「需要曲線が価格（賃金）に対して非弾力的である」とは，価格（賃金）の変化に対して需要の変化が小さいことを意味する。したがって，完全に非弾力的な需要曲線はD_2のように垂直になり，均衡点はe，賃金はW_4，雇用者数はQ_4となる。

問4 **10** 正解：③

① 寡占市場では，企業間の価格競争が弱くなり，価格が下方に変化しにくくなる。これを価格の下方硬直性という。

② 巨大な装置を必要とする産業は，初期投資が大きく新規参入が容易ではないため，寡占状態になりやすい。

④ 寡占市場では，企業は超過利潤を求めて意図的に価格を操作することができるため，市場の機能が働かず，資源配分の効率性が失われてしまう。

問5 **11** 正解：④

経済学者と著作の正しい組み合わせは以下のとおり。

J. S. ミル：『自由論』，『功利主義論』

マルクス：『資本論』

アダム・スミス：『国富論』

リカード：『経済学および課税の原理』

問6 **12** 正解：②

① 株式会社が株式を保有することは可能である。

③ 株主総会において，株主は持株数に比例した議決権を有する。

④ 配当は利潤の分配であるため，利潤がなければ配当をおこなわないこともある。

問7 **13** 正解：②

① ハイパー・インフレーションとは，短期間にインフレーションが急激に進行することをさす。

③ ギャロッピング・インフレーションとは，年間10％超の早足で進むインフレーションのことである。

④ デフレスパイラルとは，デフレーションと景気後退との悪循環のことである。

問8 **14** 正解：②

【補足】日本の高齢化率は，2040年ごろには35％を超えると推測されている。社会保障における公衆衛生とは，感染症対策など国民の健康維持のための予防・衛生をさす。

問9 **15** 正解：①

② 人口の多い順にアジア，アフリカ，ヨーロッパである。

③ 人口の多い順に中国，インド，アメリカであり，先進国が含まれている。

④ 世界人口は70億人台であり100億人は超えていない。また，増加の鈍化はみられない。

問10 **16** 正解：②

日本のODA実績は1990年代に世界第1位であったが，ODAの予算を削減し続けた結果，現在はアメリカ，ドイツ，イギリスに次ぐ世界第4位

である。

問11 17 正解：②

経常収支＝貿易収支＋サービス収支＋第一次所得収支＋第二次所得収支＝（30－50）－8＋20－10＝－18

問12 18 正解：④

水平的国際分業とは，先進国同士で工業製品相互の貿易をおこなう国際分業のことである。

問13 19 正解：①

輸出依存度が高いほど，内需の不足を輸出によって補っていることを意味し，一般的にGDPが小さい国ほど輸出依存度が高くなる。乗用自動車輸出額の国別ランキングでは，上位よりドイツ，日本，アメリカとなっている。

問14 20 正解：④

① ルソン島の領有国はフィリピンである。
② コルシカ島の領有国はフランスである。
③ イースター島の領有国はチリである。

問15 21 正解：②

硬葉樹は常緑広葉樹の一種で，夏の暑さや乾燥に適応するため，地中海性気候の地域でみられる。地中海性気候では，オリーブやオレンジなど乾燥に強い果樹が栽培される。

問16 22 正解：①

ケッペンの気候区分において，パリは西岸海洋性気候，ローマは地中海性気候に属する。パリは1年を通じて湿潤で雨が降り，ローマの降水量は冬に多く夏に少ない。

問17 23 正解：②

バイカル湖は水深，貯水量ともに世界一である。「豊富な水量」という記述がヒントになる。
① カスピ海に関する記述である。
③ カザフスタンとウズベキスタンにまたがるアラル海に関する記述である。
④ バイカル湖は氷河湖ではない。氷河湖の代表例としては，北アメリカの五大湖がある。

問18 24 正解：④

対蹠点は俗にいう「地球の裏側」である。対蹠点の緯度の絶対値は同じになる。また，東経135度の裏側は，180－135＝45より，西経45度となる。図を描いて確認すると間違えにくい。

問19 25 正解：①

東日本大震災以降，日本の原子力発電の割合は大きく減少した。ほかにも，中国が世界の風力発電を牽引している点や，フランスでは原子力発電への依存度が高い点をおさえておけば，正解を導き出せる。

問20 26 正解：④

フランス，スペインなどの西・南ヨーロッパでは，カトリックが主に信仰されており，ラテン系民族が多数を占める。イギリスや北ヨーロッパでは，プロテスタントが主に信仰されており，ゲルマン系民族が多数を占める。ロシアや東ヨーロッパでは，東方正教（ギリシャ正教，ロシア正教など）が主に信仰されており，スラヴ系民族が多数を占める。

問21 27 正解：①

② アパルトヘイトは南アフリカ共和国でおこなわれていた人種隔離政策であり，マオリ人はニュージーランドの先住民である。
③ タスマニア島は1901年，オーストラリア連邦の成立に伴い州となっている。
④ 国家元首はイギリス国王が兼位し，通常はオーストラリア総督が職務を代行する。

問22 28 正解：③

① 憲法改正の発議には両院議員の3分の2以上の賛成が必要である。
② 国務大臣の過半数は国会議員との兼任でなければならない。
④ 条約は国会が承認し，内閣が締結する。

問23 29 正解：④

団体行動権（争議権）は，公務員には認められていない。

問24 30 正解：①

小選挙区制では当選者1名以外の候補者への

解説

投票がすべて死票（落選した候補者に投じられた票）となる。

問25 **31** 正解：③
国際連合に常設軍が設置されたことはない。

問26 **32** 正解：③
スペインでは1975年のフランコ死亡を機に独裁体制が終焉し，民主化が進んだ。フィリピンでは，マルコスによる開発独裁体制が続いたが，1986年に民衆運動によりマルコスは失脚した。なお，ワレサはポーランドの民主化を指導し後に大統領となった。ティトーはユーゴスラビア共産党指導者であり，戦後は連邦共和国大統領となった。

問27 **33** 正解：③
ローマ条約は，ヨーロッパ経済共同体（EEC）の設立を定めた条約である。アムステルダム条約は，マーストリヒト条約をさらに進め，より密接に統合された単一欧州の実現を目指した条約である。

問28 **34** 正解：③
ビスマルクの展開した軍備拡張政策は「鉄血政策」と呼ばれ，「鉄」は武器，「血」は兵士が流す血を意味する。メッテルニヒは19世紀前半にウィーン体制を指導したオーストリアの政治家である。3C政策は，アフリカとインドを結ぶイギリスの帝国主義施策である。

問29 **35** 正解：①
② アメリカはニューディール政策によって，世界恐慌からの脱出を図った。ネップ新経済政策（NEP）はソ連による政策である。
③ アメリカは国際連盟に参加しなかった。
④ ワシントン会議における海軍軍縮条約は，アメリカ，イギリス，フランス，日本，イタリアの間で締結された。ソ連はワシントン会議参加国に含まれていない。

問30 **36** 正解：①
【補足】ペストは「黒死病」とも呼ばれる感染病である。

問31 **37** 正解：①
② キューバ革命を導いたカストロは，社会主義を目指してソ連と提携した。
③ ナジは1950年代に処刑されたハンガリーの首相である。
④ アルゼンチンはフォークランド諸島を巡ってイギリスと交戦し，敗北した。

問32 **38** 正解：④
D：アメリカ独立戦争　1775年〜1783年
B：米墨戦争　1846年〜1848年
C：南北戦争　1861年〜1865年
A：米西戦争　1898年

第5回

問1
⑴ **1** 正解：②
①はチェコ，③はポーランド，④はハンガリーである。
⑵ **2** 正解：③
ワシントン海軍軍縮条約に関する記述である。
① 第一次世界大戦前の日英同盟に関する記述である。ソ連はその時まだ成立していない。
② ドイツからの賠償金は受けておらず，軍需品の輸出拡大などを背景に経済の進展が進んだ。
④ 連合国軍によって占領され四大財閥が解体されたのは，第二次世界大戦後である。
⑶ **3** 正解：②
スウェーデン，タイ，オランダはいずれも立憲君主制をとる国である。
⑷ **4** 正解：①
2009年発効のリスボン条約は，EUを民主的・効率的に運営することを目指した基本条約である。
② 1958年発効のローマ条約は，ヨーロッパ経済共同体（EEC）の設立を定めた条約である。
③ 1999年発効のアムステルダム条約は，マーストリヒト条約をさらに進め，より密接に統合された単一欧州の実現を目指した条約である。
④ 1993年発効のマーストリヒト条約は，欧州連合（EU）の設立を定めた条約である。

問2

(1)　**5**　正解：①

　マダガスカル島は，グリーンランド島，ニューギニア島，ボルネオ島に次ぐ面積が世界第4位の島である。

(2)　**6**　正解：③

　ジャマイカは，イギリス連邦の加盟国の中でイギリス連邦王国（イギリスの国王を自国の国王として戴く主権国家）でもある。

(3)　**7**　正解：④

　ケニアの紅茶の他には，ガーナのココアがモノカルチャー経済の代表例である。ケニアやガーナは，イギリスの植民地時代にそれぞれ茶やカカオ豆の大農園を作って生産をおこなった。

(4)　**8**　正解：②

　消費税の税率は所得にかかわらず同じであるため，低所得者ほど所得に占める税負担額の割合が大きくなる。これが逆進性の特徴である。

問3　**9**　正解：②

　価格は同じでも買いたいと思う人が増えるので，取引量は増加し，需要曲線は右上にシフトする。

問4　**10**　正解：①

② 光熱費は，生活を維持するためにおこなう支出（消費支出）であり，可処分所得に含まれる。

③ エンゲル係数とは，家計の消費支出に占める食費の割合である。一般的にエンゲル係数が高ければ高いほど，生活水準が低いと言われている。

④ 北欧諸国では収入に占める税金や社会保険料の割合が大きく，可処分所得として残る割合が小さくなる。

問5　**11**　正解：④

　近年の一人当たりGDPの国際ランキングは，1位ルクセンブルク，2位スイスとなっている。

問6　**12**　正解：④

① 株主は一株につき一議決権を有している。

② 株式会社における最高の意思決定機関は株主総会である。

③ 1997年の法改正によって，戦後禁止されていた持株会社の設立が解禁された。

問7　**13**　正解：④

　バブル崩壊は1990年代前半，世界金融危機の始まりは2008年であり，文章中の年代と一致する。

問8　**14**　正解：①

② イギリスの社会保障制度整備に関する記述である。

③ ベヴァリッジ報告は，国際労働機関（ILO）の報告ではなく，イギリスの社会保障制度に関する報告書である。

④ 日本で導入されている国民皆保険制度は，アメリカでは実現に至っていない。

問9　**15**　正解：②

　人口の伸びが大きいA・Bのうち，中国やインドなど人口大国があり絶対数の多いアジアがAにあてはまる。また，C・Dのうち，経済の発展時期の早かったヨーロッパが，人口の増加→安定の推移がより早いCにあてはまる。

問10　**16**　正解：②

　プライマリーバランスとは，公債金収入以外の歳入（租税等）と，公債費を除く歳出との収支のことである。

問11　**17**　正解：④

　金融ビッグバンは，1996年から2001年にかけておこなわれた大規模な金融制度改革であり，日本版ビッグバンともいわれる。日本版ビッグバン開始に際して，競争力の低い金融機関を擁護する護送船団方式は撤廃された。また，ペイオフとは，金融機関が破綻した場合に預金等の一定額が預金者に払い戻されることを意味する。1996年（ペイオフ凍結）から全額保証されるようになったが，2005年（ペイオフ解禁）以降は，一金融機関当たり1000万円とその利息分のみ保証されることとなった。一方，準備預金制度は，民間金融機関の支払いが滞るのを回避するために，金融機関の預金の一定割合の額を日本銀行に預け入れさせる制度である。

問12　**18**　正解：①

② 日本企業が海外に工場を建設すると，海外

で資産が増加するため，金融収支（直接投資）にプラスとして計上される。

③ 円借款は金融収支に，特許権使用料はサービス収支に分類される。

④ 日本の貿易収支は，戦後しばらく赤字が続いた。1980年代から黒字となったが，2011年から2015年まで再び赤字を記録した。

問13 19 正解：④

A：原子力，B：石炭，C：石油，D：水力である。

問14 20 正解：②

オゾンホールの原因物質はフロンガスである。

問15 21 正解：②

北米大陸西海岸に位置するロサンゼルスは，地中海性気候の代表地域である。ブエノスアイレスの気候区分は，日本と同じ温暖湿潤気候である。地中海性気候の地域では，乾燥に強いオリーブやブドウなどが栽培される。

問16 22 正解：③

① ウラル山脈は古期造山帯である。新期造山帯のヒマラヤ山脈が代表的である。

② 海嶺は海底でプレート同士が広がる境界のことであり，海溝はプレート同士が狭まる境界のことである。

④ アメリカの代表的な断層としては，西海岸のサンアンドレアス断層がある。

問17 23 正解：④

① 世界で最も大きな湖はカスピ海である。

② バイカル湖は断層によってできた湖である。

③ 干ばつにより消滅寸前となっているのはアラル海である。

問18 24 正解：①

秋田県を通過する北緯40度線が，スペインやイタリアを通過している。

問19 25 正解：③

① 細川政権は衆議院議員選挙における中選挙区制を廃止した。

② 日本では，選挙の投票は国民の義務になっていない。

問20 26 正解：②

落選した候補者に投じられた票を「死票」といい，小選挙区制では当選者1名以外の候補者への投票がすべて死票になることが問題とされている。なお，ゲリマンダーは，アメリカの州知事ゲリーが自党に有利なように区割りした選挙区の形がサラマンダー（伝説上のトカゲ）に似ていたことに由来する造語である。一方，レファレンダムとは国民投票あるいは住民投票を意味する。

問21 27 正解：①

② 改憲手続きが厳格な硬性憲法である。

③ 国民主権，平和主義，基本的人権の尊重を3つの原則としている。

④ 条約の承認は国会の機能である。

問22 28 正解：①

② 最高裁判所の裁判官は，国民審査により罷免されうる。また，下級裁判所も含めすべての裁判官は，国会の弾劾裁判により罷免されうる。

③ 証人喚問は国会の国政調査権の一つである。

④ 内閣総理大臣は国会の議決によって指名される。

問23 29 正解：④

出生地主義とは，出生した国の国籍が付与される方式であり，アメリカやカナダで採用されている。これに対して血統主義とは，親の国籍を継承する方式であり，日本やドイツで採用されている。二重国籍は日本では認められていないが，海外では認めている国が多い。

問24 30 正解：③

①『市民政府二論』の中で自然権の存在に言及したロックはイギリスの哲学者である。

② 自然権と生まれながらの人権を初めて明文化したのは，アメリカのバージニア権利章典である。

④ 日本は死刑廃止条約に批准していない。

問25 **31** 正解：③
① 労働基準法によって基本的な労働時間は1日8時間，週40時間までと定められている。
② 公務員は労働組合法の適用を受けない。
④ 高度経済成長期の雇用の特徴は年功賃金と終身雇用制であった。

問26 **32** 正解：③
【補足】モロッコはフランスから独立した。

問27 **33** 正解：③
　IMF（国際通貨基金）とIBRD（国際復興開発銀行）は，いずれも国連の専門機関である。IMFが国際的な金融市場の安定を目的として設立されたのに対して，IBRDは戦後復興に必要な長期資金を融資することを目的として設立された。また，PKF（国際平和維持軍）は，PKO（国連平和維持活動）に基づき加盟国が自発的に要員を派遣して紛争の拡大を防ぐものである。一方，国連憲章では，国連軍派遣などの軍事制裁ができるとされているが，今日まで国連軍が派遣されたことはない。なお，NGOは非政府組織のことである。

問28 **34** 正解：③
　三国同盟は，ドイツ・オーストリア・イタリアによる軍事同盟である。また，ファショダ事件とは，アフリカ分割をめぐりイギリスの縦断政策とフランスの横断政策が衝突した事件である。

問29 **35** 正解：①
② 第二次中東戦争はエジプトによるスエズ運河国有化宣言がきっかけで発生した。
③ 第三次中東戦争は中東アラブ諸国の間で1967年に発生した戦争である。1973年の第一次石油危機発生のきっかけとなったのは第四次中東戦争である。
④ 第四次中東戦争ではサダト大統領に率いられたエジプト軍が緒戦で勝利し，ゴラン高原を奪還した。

問30 **36** 正解：①
　東南アジアでは，タイのみが植民地化から免れ独立を維持することができた。

問31 **37** 正解：②
① 東ドイツと西ドイツの首都は，それぞれベルリンとボンであった。
③「プラハの春」は，チェコスロバキアで発生しソ連の軍事介入により挫折した民主化運動である。
④ バルト三国の独立が承認されたことがソ連崩壊へとつながった。

問32 **38** 正解：④
C：キューバ危機　1962年
D：アメリカ軍のベトナムからの撤退　1973年
B：ソ連のアフガニスタン侵攻　1979年
A：中距離核戦力(INF)全廃条約の締結　1987年

第6回

問1
⑴ **1** 正解：②　ニューヨーク
　北緯40度に近い都市としては，他にアンカラや北京がある。メキシコシティは北緯19度，ロンドンは北緯51度，プラハは北緯50度にある。
⑵ **2** 正解：④
　これはフェーン現象と呼ばれるもので，日本では日本海側で多く発生する。
⑶ **3** 正解：③
① 2015年以降の日本の合計特殊出生率は，1.4〜1.5で推移している。2018年に合計特殊出生率が1を切る全世界で唯一の国は韓国である。
② 日本の公的年金は基本的に「賦課方式」で運営されており，現役世代が納めた保険料がその時点での年金受給者への支払いにあてられるため，少子高齢化は現役世代の負担増加につながる。
④ 日本の人口は，2000年代後半をピークに減少に転じた。
⑷ **4** 正解：③
　田中角栄は「日本列島改造論」を掲げ，全国を新幹線網で結ぶ構想を示した。

問2
⑴ **5** 正解：②
　サウジアラビアは中東最大の面積を誇る国で

ある。①はエジプト，③はイラク，④はイランである。

⑵ **6** 正解：①

マレーシアではマレー系を中心にイスラム教が広く信仰されている。他の3ヵ国に国教は定められていない。インドはヒンドゥー教が民族宗教とされている。

⑶ **7** 正解：③

国際連合加盟以降，日本は外交3原則として「国連中心主義」「自由主義諸国との協調」「アジアの一員としての立場の堅持」を掲げている。

⑷ **8** 正解：④

メッカはサウジアラビアの都市で，イスラム教最大の聖地である。一方，イェルサレムはイスラエルの都市であり，ユダヤ教，キリスト教，イスラム教の聖地が集結している。また，第一次石油危機のきっかけとなったのは，第四次中東戦争である。一方，1979年のイラン革命は第二次石油危機を引き起こした。

問3 **9** 正解：③

人件費の高騰など生産コストの増加要因は，供給曲線を左上にシフトさせる。また，贅沢品は生活必需品に比べて価格弾力性が大きい（価格が変動すると需要量が変動しやすい）ため，需要曲線の傾きは一般的に緩やかになる。

問4 **10** 正解：②

前年の実質GDP＝前年の名目GDP＝200兆円 実質経済成長率＝（今年の実質GDP－前年の実質GDP）÷前年の実質GDP×100より50＝（今年の実質GDP－200兆円）÷200兆円×100　これを解くと，今年の実質GDP＝300兆円また，実質GDP＝名目GDP÷GDPデフレーター×100より300兆円＝240兆円÷GDPデフレーター×100　これを解くと，GDPデフレーター＝80

問5 **11** 正解：④

日本の貿易収支は2011年から2015年まで赤字が続き，2016年に黒字に転じたことから，Cがあてはまる。アメリカは長期にわたり貿易赤字が続いている。

問6 **12** 正解：①

公共サービスなどの代金を民間企業が利用者一人ひとりから徴収することは難しいため，政府が税金を使って供給している。このような「公共財」は「市場の失敗」の一つであるが，税率の上昇は財政の問題であり，市場とは無関係である。

問7 **13** 正解：④

経済学者とその主な著作の正しい組み合わせは以下のとおり。
リカード：『経済学および課税の原理』
アダム・スミス：『国富論』
リスト：『政治経済学の国民的体系』

問8 **14** 正解：①

所得の多い人から多くの税を課すので，富の再分配が実現できる。
② 累進課税制度とは所得階級の上昇につれて税率が高くなる制度である。
③ 消費税は，商品を誰が購入しても同じ税率であるため，低所得ほど所得に占める税負担額の割合が大きくなる。これを逆進性という。
④ 累進課税制度では，好況期には所得の増加に伴って税率が上がり，不況期には所得の減少に伴って税率が下がる。これを自動安定化装置（ビルト・イン・スタビライザー）という。

問9 **15** 正解：④

日本の消費税は，平成元年（1989年）に税率3％として導入され，平成9年（1997年）に税率5％，平成26年（2014年）に税率8％にそれぞれ増税された。この税率に連動した動きをしているのはDである。

問10 **16** 正解：②

発端となったアメリカでの金融危機は，サブプライムローン問題と呼ばれている。
① スペインやイタリアをはじめとする先進国は，2009年など多くの年でマイナスの経済成長となった。
③ タイでの通貨暴落に端を発したアジア通貨危機は1997年に発生した。
④ 日本版金融ビッグバンは，1996年以降におこなわれた大規模な金融制度改革を指す。

問11 [17] 正解：④

　訪日外国人客の手持ちの外貨を日本円に換算した金額は，円安になると増えるので，より多くの人が日本を訪れたくなる。変動為替相場制への移行は，1971年のニクソン・ショックがきっかけとなった。なお，1985年のプラザ合意によりドル安路線が図られ，その後一気に円高が進んだ。

問12 [18] 正解：①

　金利上昇により，民間の経済活動が抑制される（クラウディングアウト）。
② 国債依存度は近年，30〜60％台を推移している。
③ 財政法上，赤字国債の発行は認められていないため，特例法を制定して発行される。
④ 建設国債は1966年度に発行されて以来，毎年度発行されるようになった。

問13 [19] 正解：③

　北米自由貿易協定（NAFTA）に代わって2020年に発効したUSMCA（米国・メキシコ・カナダ協定）は，アメリカ，カナダ，メキシコが加盟している。
① 東ティモールは未だ加盟に至っていない。
② ギリシャはEUを脱退していない。
④ メキシコは加盟していない。

問14 [20] 正解：③

　チリ，イタリアなど地中海性気候の地域は，ブドウなどの果樹栽培に適している。

問15 [21] 正解：②

　ピレネー山脈は，新期造山帯の一つであるアルプス・ヒマラヤ造山帯の一部をなしている。一方，アパラチア山脈は古期造山帯に属する。また，楯状地とは，主に先カンブリア時代の基盤岩が広く地表に分布する地域である。

問16 [22] 正解：③

　12時間の時差は経度180度の違いとなり，西経45度付近の都市（経度のみで考えた場合に東京から最も離れた所）が正解となる。ロンドンとの時差は9時間，サンフランシスコとの時差は17時間，ドバイとの時差は5時間である。

問17 [23] 正解：④

① オゾン層破壊はフロンガスによって引き起こされる。
② 焼畑農業がおこなわれる熱帯雨林地域は，主に東南アジアである。
③ かつて世界第4位の面積を誇った湖とはアラル海であり，中央アジアのカザフスタンとウズベキスタンにまたがる地域にある。

問18 [24] 正解：②

　カタルーニャ州はスペイン北東部に位置する。

問19 [25] 正解：①

② 国民投票で過半数の賛成が必要である。
③ 国民の義務として納税，教育，勤労の3つが規定されている。
④ 非核三原則は日本国憲法において明文化されていない。

問20 [26] 正解：②

　条例など法令の合憲性審査は，裁判所の機能である。

問21 [27] 正解：①

　日本の選挙権年齢は2016年に20歳から18歳に引き下げられた。また，現在の日本の衆議院選挙で採用されている小選挙区比例代表並立制は，小選挙区選挙と比例代表選挙の両方を並行しておこなう選挙制度である。

問22 [28] 正解：②

① 最大野党である社会党を中心に，野党各党が議席を分け合った。
③ 55年体制が発足した当時の内閣総理大臣は鳩山一郎であった。
④ 日本の55年体制は1993年に日本新党の細川内閣が成立したことで終焉を迎えた。

問23 [29] 正解：①

② 陪審員制度は日本では採用されていない。
③ 最高裁判所長官は内閣によって指名され，天皇によって任命される。
④ 裁判員制度は2009年に導入され，現在も継続している。

問24 **30** 正解：②

地方自治体（地方公共団体）は，地方債と呼ばれる債券を発行することができる。また，リコールとは解職請求の意味である。なお，オンブズマンとは，国民に代わって行政活動を監視し，行政機関への苦情を処理する行政監察官のことである。

問25 **31** 正解：①

② 国際連合はサンフランシスコ会議で調印された国連憲章に基づいて設立された。

③ 総会では，加盟国一国一票の投票により，多数決で議決する。

④ 国連軍による軍事制裁が認められている。ただし，国連軍が派遣されたことは一度もなく，これに代わるものとして国連平和維持活動（PKO）がおこなわれている。

問26 **32** 正解：④

アメリカ独立宣言は，のちに第3代アメリカ合衆国大統領となるトマス・ジェファーソンらによって起草された。初代大統領に就任したのはジョージ・ワシントンである。黒人奴隷制度が広がる南部と，これに反対する北部との間で，南北戦争が勃発した。

問27 **33** 正解：④

ドイツの法学者イェリネックの学説に基づく「国家の三要素」とは，主権・国民・領域のことである。普仏戦争は，ドイツ統一をめざすプロイセンとこれを阻もうとするフランスとの戦争である。

問28 **34** 正解：④

① カリフォルニア州は，独立当初の13州には含まれていない。米墨戦争に勝利してメキシコから獲得した後に州となった。

② モンロー教書は，アメリカ大陸とヨーロッパ大陸間の相互不干渉を提唱したものである。

③ 米墨戦争に勝利して領有したのはカリフォルニア，ニューメキシコなどである。フロリダはすでにスペインから買収して領有していた。

問29 **35** 正解：③

「諸国民の春」と呼ばれる一連の民族運動は，絶対王政の維持を目指すウィーン体制を崩壊させた。「プラハの春」は，冷戦期に起こったチェコスロバキアの民主化運動である。また，17世紀半ばのウェストファリア会議は，ヨーロッパ主権国家間の国際関係の基礎を築く国際会議であった。

問30 **36** 正解：①

ヴェルサイユ条約によって，ドイツはポーランドなどへ領土を割譲するとともに，巨額の賠償金を請求された。

問31 **37** 正解：③

① カイロ会談は，アメリカ大統領ローズベルト，イギリス首相チャーチル，中国主席蒋介石が参加した。

② 国際連合の本部はニューヨークに置かれた。

④ 1951年のサンフランシスコ講和会議で日本の主権回復が認められた。その後，1956年の日ソ共同宣言を受けて日本の国際連合加盟が実現した。

問32 **38** 正解：②

C：日本のOECD加盟　1964年

B：沖縄返還　1972年

D：日本戦後最初のマイナス成長　1974年
　　（第一次石油危機の影響）

A：日中平和友好条約の調印　1978年

第7回

問1

(1)　**1**　正解：④

① ベネズエラ

② エクアドル

③ パラグアイ

【補足】日頃から世界地図に慣れ親しんでおこう。

(2)　**2**　正解：④

ジャマイカの公用語は英語である。コスタリカ，チリ，キューバはスペインの植民地であったのに対して，ジャマイカはイギリスの植民地であった。

(3) **3** 正解：③

ドイツ以外の3国は，国王を国家元首としている。オーストラリアとカナダの国家元首は，イギリス国王が兼位する。

(4) **4** 正解：③

関税および貿易に関する一般協定（GATT）は1948年に発効し，貿易制限の撤廃・貿易の無差別待遇・多国間交渉（ラウンド交渉）を基本原則として貿易に関するさまざまな国際的規定を定めた。1995年にはGATTの理念を引き継ぎつつ体制を強化するため，世界貿易機構（WTO）が新たに発足した。

問2

(1) **5** 正解：①

② 福岡県

③ 山口県

④ 高知県

【補足】日頃から日本地図で各都道府県を確認しよう。

(2) **6** 正解：③

カルデラとは，火山活動によって生じた凹地のことである。阿蘇山は，世界でも有数の大型カルデラを持つ活火山であり，熊本県のシンボル的な存在として親しまれている。

(3) **7** 正解：①

日本では高度経済成長期に大きな産業公害が4件あり，それらを総称して「四大公害」という。「四大公害」には，「熊本県の水俣病」・「新潟県の第二水俣病」・「富山県のイタイイタイ病」・「三重県の四日市ぜんそく」が含まれる。水俣病・第二水俣病の原因は，工場廃液中の有機水銀による水質汚濁である。イタイイタイ病の原因は，鉱山から放流されたカドミウムによる水質汚濁である。四日市ぜんそくの原因は，コンビナートの排煙による大気汚染である。

(4) **8** 正解：③

① 日本社会党は野党第一党であったが，他の野党と合わせて憲法改正を阻止可能な3分の1の議席数を獲得するにとどまった。

② 野党の日本社会党と日本共産党は協調関係を築くよう試みた時期もあるが対立することになった。

④ 与党は自由民主党であり，民主党ではなかった。

問3 **9** 正解：②

景気循環とは資本主義経済下で見られる周期的な景気変動であり，大別して4つ存在すると考えられている。「在庫調整による3～4年を周期とするキチンの波」・「設備投資による10年を周期とするジュグラーの波」・「建設需要による20年を周期とするクズネッツの波」・「技術革新による50～60年を周期とするコンドラチェフの波」が存在する。

問4 **10** 正解：④

① ケインズは市場放任主義には限界があり，政府の公共投資が重要であると唱えた。

② ベンサムは功利主義の創始者であり，社会の目的は最大多数の最大幸福の実現にあると説いた。

③ マルクスは資本主義経済の限界を唱え，社会主義への転換を目指した。

問5 **11** 正解：④

パンと自動車をそれぞれ1単位生産するために必要な労働量はどちらもA国の方がB国に対して少なく済む。しかし，比較生産費説によってパンを基準とすると 10/12＜9/8 となり，A国はパン，B国は自動車の生産にそれぞれ比較優位があると考えられる。比較優位のある生産に特化することで，両国全体で合計の生産量を増やすことができる。

問6 **12** 正解：①

② 企業によって許可制や届出制はあるが，禁止はされていない。従業員持ち株制度を導入している企業も存在する。

③ 株式には原則，自由譲渡性が認められている。

④ 株主が参加できるのは株主総会であり，取締役会ではない。

問7 **13** 正解：④

三面等価の原則とは，国内総生産（GDP）を生産・分配・支出の3つの観点から見たときに数値が等しくなることである。なお，固定資本減耗とは，工場や機械などの価値が生産によってすり減った分を指し，国内総生産－固定資本減耗＝国内純生産である。

問8 **14** 正解：④

　国民所得は市場経済を通して観測される生産活動によって生み出されるものを対象としている。地下経済の付加価値と主婦の家事労働は市場経済で観測されず，キャピタルゲインは不労所得のため対象とならない。一方，実際に市場で取引されていなくても，市場取引を仮定して国民所得の集計に加えることがあり（これを帰属計算という），持ち家の家賃相当分や農家の自家消費などの例がある。

問9 **15** 正解：②

　問題文にある情報を以下の表にまとめた。

	売上（米ドル）	売上（日本円）
ある年	3,000,000	360,000,000
翌年	4,500,000	360,000,000

よって，翌年のレートを求めると，
360,000,000/4,500,000＝80となり，為替レートは1ドル＝80円と分かる。

問10 **16** 正解：④

【補足】信用創造によって，金融機関は当初に受け入れた預金額の何倍もの大きさの預金通貨を創り出すことができる。

問11 **17** 正解：④

　不動産の価値が下落すると資産が減少するため，消費支出は一般的に減少する。

問12 **18** 正解：②

① 変動為替相場制への移行は1971年のニクソン・ショックがきっかけとなった。
③ 東京オリンピックは1964年であり，高度経済成長期真っ只中での開催となった。日本の高度経済成長期は1970年代の第一次石油危機によって終焉を迎えた。
④ 日本の高度経済成長期は第二次産業によって支えられた。

問13 **19** 正解：①

　自由貿易協定（FTA）はその名の通り関税撤廃をはじめ自由貿易推進の枠組みを取り決める一方，経済連携協定（EPA）はそれにとどまらず，経済のあらゆる側面での連携強化の枠組みを取り決める。環太平洋パートナーシップ協定（TPP）はEPAの代表例である。

問14 **20** 正解：③

　赤道が各大陸のどのあたりを通過するかを覚えておけば問題ない。
【補足】プレートテクトニクス理論の源流ともなった大陸移動説も参考になる。

問15 **21** 正解：②

　問題文よりアメリカのロサンゼルスに到着した際の日本時間は，2019年9月28日18時から12時間経った2019年9月29日06時である。よって，このとき17時間の時差があるロサンゼルスは2019年9月28日13時と分かる。ジェット気流は西から東へと吹く強風であり，ロサンゼルスから東京へと向かう飛行機にとっては向かい風となるため航行時間が逆航路に比べ延びてしまう。
【補足】偏西風はジェット気流の総称である。

問16 **22** 正解：②

【補足】カルスト地形はスロベニアや，日本では山口県で見ることができる。

問17 **23** 正解：③

　アパラチア山脈は古期造山帯の代表例である。

問18 **24** 正解：②

　面積と人口において，それぞれ最も大きい値をとる国に注目する。すると，面積最大のDはブラジル，人口最大のAはインドネシアと分かり，これを満たす選択肢は②だけとなる。

問19 **25** 正解：②

　議席数の合計は150なので，連立政権を形成して過半数を獲得するには，最低76議席必要となる。しかし，議席数が増えるほど各政党に割り当てられる大臣数は減ってしまうので，大臣数を最大にするためには，76以上で最小の議席数となればよい。これにあてはまるのは，A＋D＝80。

問20 **26** 正解：①

　リコールとは解職のことであり，住民側から罷免を要求できることを示す。また，憲法改正

の場合，国民投票では投票総数の過半数の賛成が必要となる。

問21 **27** 正解：①
② 法案は両議院ともに，委員会で審議のうえ本会議で議決をおこなう。
③ 内閣総理大臣は，国会議員の中から指名される。なお原則として，すべての国会議員は少なくとも1つの委員会に属する。
④ 内閣不信任案が可決された場合は，「10日以内に衆議院が解散しないかぎり」内閣は総辞職しなければならない。

問22 **28** 正解：①
② 地方議会は一院制だが，憲法に違反しない限り制定できるのは法律ではなく条例である。
③ 地方自治体の長は，住民の直接選挙によって選出される。長と議会は，国の国会と内閣のように連帯責任を負う関係にはない。
④ 地方裁判所を含む下級裁判所の裁判官は，最高裁判所が指名し，内閣が任命する。

問23 **29** 正解：④
日本の下級裁判所は，高等裁判所・地方裁判所・家庭裁判所・簡易裁判所である。一方，弾劾裁判所は，裁判官を裁判するため国会に設けられる裁判所であり，下級裁判所には含まれない。

問24 **30** 正解：②
① 首相は国王に任命されるが，内閣が議会に責任を負う責任内閣制を採用している。これと反対に超然内閣制とは，内閣が議会の意思に制約されず行動する制度である。
③ 単純小選挙区制度を採用しているが，二大政党は保守党と労働党である。
④ 庶民院が首相指名で貴族院に優越する。

問25 **31** 正解：①
黙秘権は，自由権の中の「人身の自由（身体の自由）」に含まれる。

問26 **32** 正解：③
【補足】ローマ条約は，ヨーロッパ経済共同体

（EEC）を設立する条約である。また，アイスランドはEUに加盟していない。

問27 **33** 正解：④
【補足】ツツ大司教は南アフリカの牧師であり，反アパルトヘイトを唱えた。日本留学試験では，いままで出たことのない人物である。カースト制度は，ヒンドゥー教における身分制度である。かじる程度知っておけばよい。

問28 **34** 正解：③
① ナポレオン戦争において，フランスはイギリス海軍に敗北した。
② ナポレオン法典は自由主義・個人主義を体現した先進的な民法典であった。社会権を初めて明記したのは，ドイツのワイマール憲法である。
④ 神聖ローマ帝国の復活はならなかった。

問29 **35** 正解：③
メッテルニヒはオーストリアの外相としてウィーン体制維持の主導的役割を果たした。

問30 **36** 正解：①
第一次世界大戦における同盟国陣営は，ドイツ，オーストリア，トルコ，ブルガリアの4カ国である。日本は日英同盟を理由に連合国側で参戦した。

問31 **37** 正解：②
① ティトーは1980年に亡くなったが，暗殺ではなかった。
③ ベルリンの壁崩壊は1989年であり，それから2年後の1991年にソビエト社会主義共和国連邦は解体した。
④ チェコとスロバキアの分離は，戦争を起こすことなく議会で議決され1993年に実現した。

問32 **38** 正解：③
ベルリン封鎖（1948年）→フルシチョフによるスターリン批判（1956年）→部分的核実験停止条約の締結（1963年）→ニクソンの中国訪問（1972年）

【補足】冷戦期間の出来事は東西両陣営のどちらの動きに対応しているのかとあわせて確認しよう。

第8回

問1

⑴ **1** 正解：③

① シアトル

② ロサンゼルス

④ ワシントンD.C.

【補足】世界的に有名な都市は地図上で確認しておこう。

⑵ **2** 正解：④

【補足】自動車はアメリカ経済の基幹産業である。

⑶ **3** 正解：①

② 連邦制のもと分権化が進んでおり，各州は独自の法律である州法を制定することができる。

③ アメリカの連邦議会制度において法案審議の下院優越は認められていない。

④ 大統領は法律案の拒否権を有するものの，議会に対する法案提出権は認められていない。

⑷ **4** 正解：③

A：リンドン・ジョンソン（1963～1969）

B：ドワイド・D・アイゼンハワー（1953～1961）

C：ジョン・F・ケネディ（1961～1963）

D：ハリー・S・トルーマン（1945～1953）

【補足】第二次世界大戦期から冷戦期にかけてのアメリカの動向とあわせて確認しよう。

問2

⑴ **5** 正解：④

① 石炭

② ニッケル

③ 金

【補足】本問で問われているのは輸出量ではなく生産量であることに注意しよう。

⑵ **6** 正解：③

① ダーウィン

② アデレード

④ シドニー

⑶ **7** 正解：①

サウジアラビアはイスラム教を国家の主軸に据えており，多文化主義は採用されていない。

⑷ **8** 正解：③

① イギリスは成文憲法を持たない。

② イギリスは予算案の承諾に関して下院が優越する。

④ 大統領は存在しない。

問3 **9** 正解：③

労働量の超過供給が発生するため，市場均衡需要量を上回った労働者が失業者となる。

問4 **10** 正解：④

功利主義は人間の感じる快楽を数値化できるとし，社会全体の快楽総数の最大化を目指すべきであると説いた。

問5 **11** 正解：①

②「日本版金融ビッグバン」に際して，競争力の低い金融機関を擁護する護送船団方式は撤廃された。

③ バブル経済の破綻に伴って日本の多くの金融機関が倒産した。

④ タイの通貨バーツ暴落に端を発したアジア通貨危機の影響は韓国や東南アジア諸国に及んだ。

問6 **12** 正解：④

【補足】スタグフレーション下では，景気悪化による賃金低下とインフレーションによる物価上昇が同時に起こるため労働者の生活水準は厳しいものとなる。

問7 **13** 正解：②

租税負担率の非常に高いA・Dが北欧諸国や先進欧州諸国であると考えられる。また，租税負担率・社会保障負担率がともに本問の4カ国において最低であるCはアメリカと分かる。以上より選択肢②が適当である。

問8 **14** 正解：①

① 過当競争という市場プロセスを経ているため「市場の失敗」とは言えない。

問9 15 正解：④

産業の比重が経済発展にともない，第一次産業から第二次産業，さらには第三次産業へと移行していくことを「産業構造の高度化」と呼ぶ。三角図の読み方をよく確認しておこう。

問10 16 正解：①

人口が多い中国とインドは，どちらも上位に入っている。

問11 17 正解：②

記述の内容は，「国債の市中消化の原則」ともいう。なお，日本銀行が市中銀行から国債などを購入する「買いオペレーション」との違いに注意。

問12 18 正解：③

日本の出生率が大きく上昇しているという記述は誤り。

問13 19 正解：④

EFTAはイギリスが中心となって設立された自由貿易連合であるが，イギリスはEC加盟に伴い脱退した。

問14 20 正解：②

①ノルウェー，③ニュージーランド南島，④チリ南部はいずれも世界で代表的なフィヨルド地帯である。②スペイン北西部はリアス海岸である。

問15 21 正解：②

ヨーロッパ以外の地中海性気候の地区としては，他に北米大陸西海岸やアフリカ大陸北端・南端，オーストラリア南西端などがある。地中海性気候の地域では，オリーブ，オレンジ，ブドウなど乾燥に強い作物が育つ。

問16 22 正解：②

① ジャングルは東南アジアの熱帯雨林，チェルノーゼムはロシア，ウクライナに見られる黒色土である。

③ パンパはアルゼンチンからウルグアイに広がる草原地帯を指す。

④ セルバはブラジル，アマゾン川流域を中心に広がる熱帯雨林地域を指す。

問17 23 正解：②

距離を正しく表すのは正距方位図法である。また，メルカトル図法では緯線はすべて赤道と同じ長さで表されるので，角度を正しく表現するため，高緯度になるにつれて面積が拡大されていく。

問18 24 正解：①

東京はホノルルより19時間進んでいるため，12月31日18時に7時間を加えて19時間を引くと，現地時間での到着時刻は12月31日6時。

問19 25 正解：②

ホッブズは『リヴァイアサン』を著し，万人の万人に対する闘争状態こそ人間の自然状態だと説いた人物である。

問20 26 正解：③

③ 国際人権規約は，世界人権宣言を明文化し法的拘束力をもたせたものである。

問21 27 正解：①

②「臨時会」（臨時国会）は臨時に必要があるときに開かれる。

③「特別会」（特別国会）は衆議院の解散による総選挙後30日以内に召集される国会である。内閣が総辞職し，内閣総理大臣の指名がおこなわれる。

④「緊急集会」は必要があると内閣が判断したときに開かれる参議院の集会である。

問22 28 正解：②

① 内閣総理大臣は，国会議員の中から指名される。

③ 弾劾裁判所が設置されるのは国会である。裁判所のみが司法権を有する。

④ 内閣不信任決議が可決された場合，10日以内に衆議院を解散しなければ，内閣は総辞職しなければならない。

問23 29 正解：②

① 一事不再理の原則は，再審によって被告人が不利になることを禁じるものであり，有

罪判決の再審を禁じるものではない。

③ 憲法で遡及処罰の禁止が定められている。

④ 日本は国際人権規約のうち死刑廃止制度に関する議定書には批准しておらず，死刑制度は存続している。

問24 30 正解：③

ロシアは半大統領制を採用し，大統領が元首である。旧ソビエト連邦では，共産党書記長が事実上の最高権力者であった。

問25 31 正解：④

① 圧力団体は，政権の獲得や国の統治を目的としない点で，政党とは区別される。

② 圧力団体は，族議員を選出したり，族議員を用いて圧力をかけたりする場合がある。

③ 圧力団体は，特定の集団の利益を追求することを目的としている。

問26 32 正解：②

① 一党制のもとでは独裁政治となりやすいが，二大政党制にはそのような特徴はない。

② クォータ制とは，議員・閣僚などの一定数を女性に割り当てる制度である。

③ 強力な政治を推し進める政権が成立しやすいのは，小選挙区制である。

④ 議会で少数派にも発言の機会を与えることができる制度は，比例代表制である。

問27 33 正解：④

社会権のうち，日本国憲法第25条に明記されている「生存権」は，ワイマール憲法の影響を強く受けている。

問28 34 正解：③

ナポレオン1世のイタリア遠征を契機として，イタリアの統一運動が始まった。ガリバルディは両シチリア王国を占領し，サルデーニャ王に献上した。これによりイタリア王国が成立した。

問29 35 正解：④

① ウィーンではなくボスニアの州都サライェヴォが正しい。

② アメリカは大戦後期にロシアなど連合国側に加わった。

③ 日仏同盟ではなく日英同盟が正しい。

問30 36 正解：①

② 国会議事堂放火事件は1933年，ズデーテン地域の併合は1938年であり，直接関係しない。

③ ラインラント進駐ではなくポーランド侵攻を契機に，第二次世界大戦が始まった。

④ 第二次世界大戦中にロンドンは空襲を受けたが，ドイツ軍の上陸は阻まれた。

問31 37 正解：①

② 毛沢東によって中華人民共和国が建国された。

③ フィリピンはスペインではなくアメリカから独立した。

④ シンガポールはリー・クアンユーの指導のもと，マレーシアから分離・独立した。インドはネルーの指導のもと，イギリスから独立した。

問32 38 正解：③

B：サンフランシスコ講和条約の締結 1951年

C：ワルシャワ条約機構の成立 1955年

D：日ソ共同宣言の署名 1956年

A：非同盟諸国首脳会議の開催 1961年（第1回）

第9回

問1

(1) **1 正解：② オリーブ**

スペイン，ギリシャ，イタリアなど地中海の国々は，オリーブの産地として名高い。

(2) **2 正解：④ トルコ**

EU非加盟国として，他にノルウェーとスイスを覚えておきたい。

(3) **3 正解：③ 東ティモール**

① コソボは2008年にセルビアから独立を宣言した。

② チェチェンはロシアから独立を求めていたが，未だに実現していない。

③ 東ティモールは2002年にインドネシア（国際法上はポルトガル）から独立。

④ 南スーダンは2011年にスーダンから独立。

⑷ **4** 正解：① ピカソ

スペインの画家ピカソは，スペインの小さな町ゲルニカで多くの命が奪われた怒りと悲しみを絵画「ゲルニカ」に込めた。

問2

⑴ **5** 正解：②

①はリベリア，③はナイジェリア，④はカメルーンである。

⑵ **6** 正解：④ フランス

アフリカ北西部は，大部分がフランス領であった。

⑶ **7** 正解：③ リベリア

リベリアは1847年に独立。アフリカの中ではエチオピアに次いで古い国である。①カメルーンは1960年，②コンゴ共和国は1960年，④ケニアは1963年にそれぞれ独立した。

⑷ **8** 正解：③

コートジボワールは，ガーナとともに世界有数のカカオの産地である。①はエチオピア，②はナイジェリア，④はガーナである。

問3 **9** 正解：①

企業への補助金の支給は，原材料費の値下がりや技術革新などと同様に，同じ量を作るのにかかる費用が減少することを意味するため，供給曲線を右下にシフトさせる。需要曲線は変わらないため，均衡点は右下に移動し，取引量Qは多くなる。

問4 **10** 正解：④

理論と経済学者の正しい組み合わせは，以下のとおりである。
幼稚産業育成説：リスト
労働価値説：スミス，リカード
剰余価値説：マルクス
有効需要の原理：ケインズ
比較生産費説：リカード
人口抑制の必要性：マルサス

問5 **11** 正解：④

① 1997年独占禁止法の改正により，現在では持株会社の設立が認められている。
② 株主は，株式1株につき1個の議決権を有する。

③ 企業が倒産した場合，株主は出資額以上の責任を問われることはない。

問6 **12** 正解：①

GNI（国民総所得）＝GDP（国内総生産）＋海外からの純所得（外国から受け取った所得－外国に支払った所得）＝100兆ドル＋（5,000億ドル－3.5兆ドル）＝97兆ドル　一人当たりGNI＝97兆ドル÷10億人＝97,000ドル

問7 **13** 正解：②

ブレトン・ウッズ体制下の固定相場制（ドルを基軸通貨とする金本位制）は，1971年のニクソン・ショックを機に，変動相場制へと移行した。

問8 **14** 正解：③

「発券銀行」「政府の銀行」「銀行の銀行」は，日本銀行の3つの役割とされている。

問9 **15** 正解：③

円安が進行し，1ドル＝100円から1ドル＝120円になったとする。
① 海外に1億ドルの工場を建てようとすると，直接投資額は100億円から120億円に値上がりしてしまう。よって誤り。
② 100ドルの海外ブランド品は，円に換算すると1万円から1.2万円に値上がりしてしまう。よって誤り。
③ 120万円の日本製品は，ドルに換算すると1.2万ドルから1万ドルに値下がりするので，日本製品が海外で売れるようになり，輸出額が増加する。よって正解。
④ 12,000円の日本円を持っている場合に，海外旅行で使える金額は120ドルから100ドルに減少してしまう。よって誤り。

問10 **16** 正解：②

① これはAPECに関する記述である。
③ 南米のベネズエラやエクアドル，アフリカのアルジェリアやナイジェリアなども加盟している。
④ これは国連の信託統治理事会に関する記述である。「国連の常設機関」「事実上現在の活動は停止」はいずれも誤り。

問11 [17] 正解：④ 中国

　第1位から順に，アメリカ，中国，オーストラリア，タイ，カナダ，イギリス，ブラジルとなっている。

問12 [18] 正解：③

① アメリカはTPPから離脱し，日本を除く11カ国によって発効した。

② イギリスが離脱した2020年2月現在，ギリシャはEU離脱を発表していない。

④ 東南アジア10カ国が加盟しており，日本・中国・韓国は加盟していない。

問13 [19] 正解：②

　①ドイツ，②日本，③アメリカ，④イギリスである。

問14 [20] 正解：①

　A：石炭，B：天然ガス，C：原油，D：ウランである。石炭は，世界の50%が中国で産出されていることを覚えておきたい。

問15 [21] 正解：①

　イベリア半島は，面積の大部分をスペインが占めている。スカンディナビア半島はフィヨルド地帯として有名。バルカン半島は，第一次世界大戦直前に「ヨーロッパの火薬庫」と呼ばれるほどの緊張状態にあったことも重要。

問16 [22] 正解：②

　①は温暖冬季少雨気候，③は地中海性気候，④は西岸海洋性気候である。

問17 [23] 正解：②

　南米の北西部に位置するエクアドルは，赤道直下の国である。国名のエクアドルはスペイン語で「赤道」を意味する。

問18 [24] 正解：③

　①ジブラルタルはイギリス領，②グリーンランドはデンマーク領，④ニューカレドニアはフランス領である。

問19 [25] 正解：①

　憲法改正は「国会の発議」「国民の承認」「天皇の公布」という3つの手順を追う。

問20 [26] 正解：②

　日本の地方自治における首長とは，都道府県知事や市町村長などを指す。いずれも国民の直接選挙によって選出され，リコール（解職請求権）により解職されうる。

問21 [27] 正解：①

② 法律案の議決においては，衆議院の優越が認められている。すなわち，衆議院が可決した法律案を，参議院が否決しても，衆議院において出席議員の3分の2以上の賛成で再可決すれば成立する。

③ 内閣総理大臣は法案の拒否権をもたない。

④ 諸外国との条約は内閣が締結し，国会の承認を必要とする。

問22 [28] 正解：②

① 秘密会は禁止されていない。

③「影の内閣」は制度化されていない。

④ 官僚が首相に代わって答弁する「政府委員制度」は，国会審議活性化法の成立により廃止された。

問23 [29] 正解：④

① 違憲立法審査権は，すべての裁判所に認められている。

② 国民審査によって罷免されうるのは，最高裁判所の裁判官である。

③ 行政機関による裁判官の処分は認められていない。

④ 司法権は裁判所のみがもつとされ，特別裁判所の設置は禁止されている。

問24 [30] 正解：③

　イギリス国王には実質的な政治的権力はない立憲君主制である。また，イギリスは現在，保守党と労働党の二大政党制である。自由民主党は，かつて保守党とともに二大政党の一翼を占めた自由党の流れをくむ野党である。

問25 [31] 正解：③

① 身分制は否定されたが，男女平等は保障されなかった。

② 『市民政府二論』(『統治二論』) を著したの
　はルソーではなくロックである。
④ フランス人権宣言はラ・ファイエットらに
　よって起草された。

問26　32　正解：①
② 「成果主義」ではなく「年功賃金」が正しい。
③ 公務員は，ストライキを実施することが許
　可されていない。
④ 中小企業でも労働組合を結成することがで
　きる。

問27　33　正解：④
　日本では，女子差別撤廃条約を批准するため
に，男女雇用機会均等法が制定された。

問28　34　正解：④
【補足】イギリスは中国から大量の茶を輸入す
　　　　るために，綿製品をインドに輸出した
　　　　代金で購入したアヘンを中国に輸出し
　　　　た。

問29　35　正解：④
① ドイツは多額の賠償金の支払いを強いられ
　るとともに，国外のすべての植民地と権益
　を放棄させられた。
② 国際連盟を提唱したのはアメリカ大統領ウィ
　ルソンである。
③ 帝国主義体制の再編成を目的とし，アジア・
　アフリカの反植民地主義の抑圧が図られた。

問30　36　正解：③
B：朝鮮戦争の勃発　　1950年
C：アジア・アフリカ会議の開催　1955年
D：日本の国連加盟　　1956年
A：日中国交正常化　　1972年

問31　37　正解：①
② 「プラハの春」(1968年) と呼ばれる民主化
　運動は，ソ連の軍事介入により挫折した。
③ ポーランドは1989年の民主化運動により非
　社会主義国家となった。
④ 初代ロシア連邦大統領に就任したのはエリ
　ツィンである。

問32　38　正解：①
　②と③は，ニクソン政権に関する記述である。
④は，カーター政権に関する記述である。

第10回

問1
⑴　1　正解：②　ネルソン・マンデラ
① 南アフリカの白人大統領である。
③ エジプト大統領である。
④ トルコ大統領である
⑵　2　正解：③
　①フランス，②ベルギー，③オランダ，④ド
イツである。
⑶　3　正解：③
　2位以下は，機械類，白金族，鉄鋼，石炭と
続く。鉱物資源輸出への依存度が高いものの，
近年は自動車の生産・輸出量を大きく拡大して
きた。
⑷　4　正解：②　ロシア
　中国，インド，ブラジル，ロシア，南アフリ
カの順に人口が多い。

問2
⑴　5　正解：③
① 沖縄県についての記述である。
② 筑豊炭田は福岡県にある。
④ 函館市は北海道の南部に位置する。
⑵　6　正解：①　香川県
　香川県，大阪府，東京都，沖縄県，神奈川県
の順に小さい。
⑶　7　正解：②　アイルランド
　19世紀のアイルランドで，主要食物のジャガ
イモが疫病により枯死したことで食糧難が発生
した。そのため貧困化が進み，移民による人口
減少が起こった。
⑷　8　正解：①
　②イヌイットはカナダ，③アボリジニはオー
ストラリア，④インディアンはアメリカの先住
民である。

問3　9　正解：④
　生産コストの削減は，供給曲線が右にシフト
する要因の例である。

解説

問4 **10** 正解：④
① マルクスが主張した労働価値説を説明した記述である。
② ベンサムが主張した「最大多数の最大幸福」を説明した記述である。
③ ホッブズの『リヴァイアサン』に記載されている。
④ リカードの「比較生産費説」を説明した記述である。

問5 **11** 正解：①
クラウディング・アウト効果を理解するためには、「国債増発により政府支出が増加すると、民間の借り手が増えるため、金利が上昇する」、「金利が上昇すると民間投資が抑制される」の2点をおさえる必要がある。

問6 **12** 正解：②
実質GDP＝名目GDP÷GDPデフレーター×100
昨年のGDPデフレーターは100、今年度のGDPデフレーターは150なので、昨年の実質GDP＝1兆2000億ドル÷100×100＝1兆2000億ドル　今年の実質GDP＝1兆4400億ドル÷150×100＝9600億ドル　実質経済成長率＝（今年の実質GDP－昨年の実質GDP）÷昨年の実質GDP×100＝（9600億ドル－1兆2000億ドル）÷1兆2000億ドル＝－20％

問7 **13** 正解：①
② リーマン・ショック後、金利自由化は一時中断した。
③ フリー（自由）、フェア（公正）、グローバル（国際的）は「日本版金融ビッグバン」の三原則。減反政策は、米の生産調整をおこなうための戦後日本における農業政策である。
④ 金融業界で、金融機関の破綻を防ぐことなどを目的として護送船団方式が採用されていたのは、主に戦後から1980年代までの期間である。

問8 **14** 正解：④
① 1973年ごろの大きな落ち込みは第一次石油危機によるものである。ベトナム戦争は、戦争特需による高度経済成長の要因になったと考えられている。

② 1980年代は円高が進んだが、ルーブル合意により為替相場が安定した1987年半ばごろから景気が好転し、バブル景気につながった。
③ バブル崩壊は1990年代前半である。1998年ごろは、金融機関の経営破綻が相次ぎ、平成不況と呼ばれた。

問9 **15** 正解：③
先進国の一人当たりの二酸化炭素排出量は、発展途上国を大きく上回っており、とりわけアメリカはトップクラスに含まれる。中国は、排出総量は世界一であるが、一人当たりに換算すると先進国ほど多くない。経済成長に伴い中国の二酸化炭素排出量は2015年まで急激に増加したが、近年では排出削減の効果が表れてきている。

問10 **16** 正解：②
① ウルグアイ・ラウンドでの合意に基づき、WTOが設立された。
③ IMF（国際通貨基金）とIBRD（国際復興開発銀行）は、ブレトン・ウッズ協定によって設立された。
④ IMFは、国際準備資産としてSDR（特別引出権）を創設した。

問11 **17** 正解：①
〈キチンの波〉
在庫調整を要因とする約40か月周期の景気循環
〈ジュグラーの波〉
設備投資を要因とする8～10年周期の景気循環
〈クズネッツの波〉
建築投資を要因とする約20年周期の景気循環
〈コンドラチェフの波〉
技術革新を要因とする約50年周期の景気循環

問12 **18** 正解：③　ブラジル
牛肉生産量上位5ヵ国は、順にアメリカ、ブラジル、中国、アルゼンチン、オーストラリアである。

問13 **19** 正解：③
① 日本は、大戦時にヨーロッパへ軍需品や日用品を輸出することにより好景気となり、重工業は急速に発達した。

② 日本は世界大恐慌で深刻な打撃を受けたが，諸外国よりも立ち直りが早く，軍需品の生産などにより重工業が発展した。

④ 第二次世界大戦後の日本の高度経済成長は，鉄鋼や造船などの重化学工業が中心となった。

問14 **20** 正解：②

世界最大の湖はカスピ海である。なお，バイカル湖は世界で最も深い湖。

問15 **21** 正解：③

交点はエジプトのカイロ（東経31度，北緯30度）に近い。

問16 **22** 正解：②

西岸海洋性気候は，降雨量が1年を通して安定しているという特徴があり，②のみがこれにあてはまる。

問17 **23** 正解：② 1月1日午後4時

経度15度当たりの時差が1時間なので，東京とロンドンの時差は135÷15＝9時間。したがって，現地時間の到着時刻を求めるには，1月1日17時に8時間加えて9時間引けばよい。

問18 **24** 正解：④ 茶

世界一のお茶産地は中国で，世界の茶園面積の6割，生産量の3割を占めている。ケニアは中国・インドに次ぐ世界第三位のお茶の生産国で，輸出国としては世界一である。
【補足】スリランカの紅茶は，かつての国名「セイロン」から「セイロンティー」の名で世界中で愛されている。

問19 **25** 正解：①

② 『市民政府二論』で人民の抵抗権について言及したのはロックである。

③ ホッブズは王権神授説を否定し，政府とは人民が自分たちの安全のために作り上げたものであると主張した。

④ 『法の精神』の中で三権分立を唱えたのはモンテスキューである。

問20 **26** 正解：③ 200海里

① 12海里は，領海（沿岸国の主権が及ぶ水域）である。

② 24海里は，接続水域（沿岸国が通関・財政・出入国管理などに関して一定の権限を行使することが認められる水域）である。

④ 「排他的経済水域」は領海を超える部分を指すが，「200海里」は領海も含めて測るため，沿岸から212海里と考えるのは誤り。

問21 **27** 正解：① 夜警国家

③ 福祉国家とは，夜警国家とは反対に，国家が積極的に社会保障サービスを提供する国家のことである。

問22 **28** 正解：③

内閣不信任案が可決されると，10日以内に衆議院が解散されない限り，内閣は総辞職しなければならない。

問23 **29** 正解：④

① 日本での法令違憲判決としては，尊属殺重罰規定違憲判決，薬事法距離制限違憲訴訟などがある。

② 違憲立法審査権は，下級裁判所にも認められている。

③ 憲法第81条では「最高裁判所は，一切の法律，命令，規則又は処分が憲法に適合するかしないかを決定する権限を有する終審裁判所である」とあり，法律に限定するものではない。

問24 **30** 正解：③

〈選挙区A〉

有権者数＝60万÷60％＝100万人

当選者1人当たりの有権者数＝100万÷100＝1万人

〈選挙区B〉

有権者数＝20万÷50％＝40万人

当選者1人当たりの有権者数＝40万÷80＝5000人

よって，選挙区Bの一票の価値は，1万÷5000＝2倍である。

問25 **31** 正解:④
① 下線部は, イギリスが正しい。
② 下線部は, スペインからの分離独立が正しい。
③ 下線部は, ロシアが正しい。

問26 **32** 正解:②
① 17世紀半ばに締結された最初の国際条約はウェストファリア条約である。
③ 1925年に締結されたジュネーブ議定書は, 戦争での化学兵器や生物兵器などの使用禁止を定めている。
④ 国際司法裁判所は, オランダのハーグに本部を置く。

問27 **33** 正解:④
① 武力を行使することはできない。
② これはUNESCO (国際連合教育科学文化機関) の役割である。UNICEF (国際連合児童基金) の主な目的は, 子どもたちへの緊急支援である。
③ WHO (世界保健機関) は, スイスのジュネーブに本部を置き, 世界中の人々の健康を実現することを目的としている。

問28 **34** 正解:①
② クリミア戦争でイギリスはトルコを支援した。
③ クリミア戦争終結は1856年, 十月革命は1917年である。
④ クリミア戦争の講和条約としてパリ条約が締結された。

問29 **35** 正解:②
① イタリア統一運動の主導権を握ったのはサルデーニャ王国の首相カヴールであった。
③ 普仏戦争で撤退したのはフランス軍である。
④ 南チロルとトリエステはオーストリア領として残され,「未回収のイタリア」と呼ばれた。

問30 **36** 正解:③
D:ワイマール憲法の制定　1919年
C:ワシントン会議の開催　1921年
A:世界恐慌の発生　1929年
B:スペイン内戦の勃発　1936年

問31 **37** 正解:①
② アメリカはイラクを支援して介入した。
③ イラクのクウェート侵攻がきっかけとなった。
④ チュニジアの反政府デモがきっかけとなった。

問32 **38** 正解:①　マルタ会談
　地中海のマルタ島で会談がおこなわれ, 冷戦終結が宣言された。

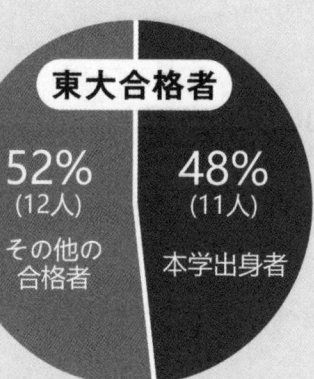
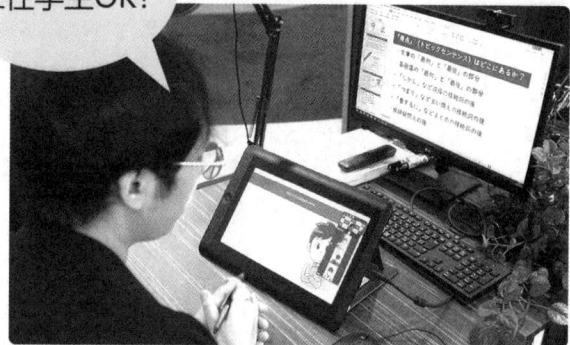

유명 EJU 학원 메코시코주쿠의 다년간의 노하우가 담긴
국내 유일의 EJU 일본어 문법 도서

일본유학시험(EJU)
일본어 문법과 표현

일본어 초보자에서 상급자까지
단계적 학습 유도!

EJU 일본어 독해, 유명 대학 본고사의
기출문제 수록!

반복적인 보충 설명으로 상세한 해설!

일러스트로 재미있고
쉽게 이해되는 문법 공부!

아나운서와 성우가 참여해 녹음한
예문 음성파일 제공!

1,200개 이상의 확인 테스트 문제 제공!

(주)해외교육사업단 발행 | 516페이지 | 25,000원

일본 대학 진학 및 본고사 대비에 필요한 문법과 표현 총정리!

▶ EJU, JLPT, 대학 본고사 대응을 위한 일본어 종합문법

▶ 기초에서 응용 , 초일류 대학 입시 레벨의 문법까지 총정리

▶ 요점 정리 노트 스타일과 일러스트로 쉽게 이해할 수 있는 해설

▶ 일본 「국문법」 과 외국인용 「일본어 교육 문법」 을 동시 취급

▶ 본시험에 가까운 예문 및 필수 문형 표현으로 실전력 향상

글로벌 인재육성, 1984년설립
HED (주)해외교육사업단
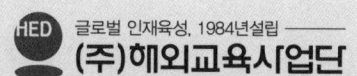

일본유학시험(EJU) 실전문제집
종합과목 Vol. 2

초판발행일 : **2022년 4월 15일(1쇄)**

저　　　자 : 메코시코주쿠 (名校志向塾)

발 　행 　인 : 송 부 영

발 　행 　처 : (주)해외교육사업단

출 판 등 록 : 제16-1456호

주　　　소 : 서울시 서초구 강남대로 381

전　　　화 : 02-736-1010

이 　메 　일 : song@hed.co.kr

홈 페 이 지 : www.hedgroup.co.kr